图书馆信息资源建设与管理探究

王晓菊　周　燕　吴　慧◎著

吉林文史出版社

图书在版编目（CIP）数据

图书馆信息资源建设与管理探究 / 王晓菊，周燕，
吴慧著 . -- 长春：吉林文史出版社，2024. 6. --ISBN
978-7-5752-0300-5

Ⅰ . G250.73

中国国家版本馆 CIP 数据核字第 2024HB3722 号

TUSHUGUAN XINXI ZIYUAN JIANSHE YU GUANLI TANJIU

书　　名 图书馆信息资源建设与管理探究
作　　者 王晓菊　周　燕　吴　慧
责任编辑 陈　昊
出版发行 吉林文史出版社有限责任公司
地　　址 长春市福祉大路 5788 号
印　　刷 北京四海锦诚印刷技术有限公司
开　　本 170mm×240mm　1/16
印　　张 13.5
字　　数 209 千
版　　次 2025 年 3 月第 1 版　2025 年 3 月第 1 次印刷
定　　价 58.00 元
Ｉ Ｓ Ｂ Ｎ 978-7-5752-0300-5

前　言

在倡导全民阅读、构建书香社会和学习型社会的环境下，图书馆阅读服务在我国大江南北如火如荼地开展起来。为了提升图书馆阅读服务质量，图书馆必须加强资源建设管理，推动阅读服务模式的转型，最大限度地满足新环境下人们的阅读需求。当今时代也是信息化时代，随着信息技术的不断发展，知识的存储、传递和获取发生了根本的变化，从原始的纸质资料逐渐向数字信息发展。面对这些新的改变，图书馆就必须改变服务模式与管理模式，改变自身的工作内容与方法，树立以人为本的管理理念，实施人性化服务，才能使图书馆的管理和服务与时代同步，真正满足人们对知识的需求。因此，加强图书馆资源建设管理和阅读服务的理论研究与实践探索就尤为必要和迫切。

本书主要研究图书馆的信息资源建设与管理，从图书馆文献信息资源建设的基础理论介绍入手，针对图书馆文献信息资源收集与采集、图书馆文献信息资源标引与编目管理进行了分析研究；另外，对图书馆信息服务创新做了一定的介绍；还对图书馆数字特色资源建设、图书馆数字资源管理与服务创新进行了分析研究。全书注重理论联系实际，也兼顾系统性、内容性，并将科学的体系与实践相结合，在培养实践能力的基础上，体现学科的体系，对图书馆工作具有一定的参考价值。

在本书的写作过程中，曾遇到诸多困难，为了解决这些问题，提高本书的质量，作者参阅并引用了国内外学者的有关著作和论述，并从中受到了启迪，特向他们表示诚挚的敬意。由于作者知识与经验的局限性，书中的错误和疏漏之处在所难免，恳请广大读者提出宝贵意见和建议，使我们的学术水平不断提升。

目　录

第一章　图书馆文献信息资源建设

第一节　文献资源建设概述

一、文献资源概述

（一）文献的范畴

"文献"一词最早出现于《论语》之中，其中"文"指典籍，"献"指话语。对文献的这一解释偏向于载体的层面。而在文献的名动二义性定义中则将其理解为一个倒置词，"献"为进献之意，"文献"则可以理解为进献之文，由此可以看出文献所具备的应用性。

因此，我国学者谢灼华将文献定义归纳为两个最基本定义项：第一，文献是将知识与信息通过记录的方式存贮在一定的物质载体上；第二，文献是能够传播与利用的符号系统。首先，这一定义中的第一层级对文献的内容、形式与形态进行了阐述；其次，定义的第二层级对文献的作用进行了说明，对文献的社会应用进行了思考；最后，符号系统一词拓展了文献记录语言的形式。综合以上三点，谢灼华从文献的构成、内容、形态、作用、意义、社会应用及语言系统的角度出发对文献进行了更为全面与深入的定义。

通过文献定义，可以清晰地看出文献的本质是对知识与信息的记录，文献对人类的发展具有重要的价值，这一价值的实现依赖文献的传播与传承。由此而言，文献的作用在于以下两点：第一，文献是不同地域之间交流的重要基础；第二，文献在历史语境中是后人对前人认识与研究的重要依据。早在远古时期产生的结绳心事、洞窟壁画、原始雕塑等考古发现可以说是人类文献记录语言与载体的雏形，这类文献因为记录语言存在的主观性限制，阻碍了后人对其记录内容的认知与研究。随着时代的发展，文字的出现使得这一问题得到了一定程度的缓解。因文字的产生与使用，文献记录内容中的信息量大大提升，文献的传播与传承变得更为便捷与准确。由于现代社会图像、录音及纪实影像等技术的出现，文献记录语言的客观性与传播性得到了进一步的发展。文献载体的发展同样影响着文献的传播与传承，基于历史语境，人类文献的最初载体为甲骨、泥板等原始材料，进而出现金石载体，至竹木与纸张载体的出现使文献的传播与传承能力得到了一次大规模的提升。

随着人类进入后工业时代及数字化技术的全面应用，文献的载体形式变得更为丰富与多元。依照文献记录内容的专业程度将文献分为一般文献与专业文献两种。一般文献涉及的主要范围为社会史料，具有普遍适用性及文献体量大的特征；专业文献则是指具有学科专业性的文献，具有专业使用性及文献体量小的特征。

（二）文献资源的含义

资源，一般指天然资源。文献资源是相对于天然资源的一种社会智力资源，是物化了的知识财富，是人们迄今为止收集、积累、贮存下来的文献资料的总和。文献资源作为一种宝贵的智力资源和信息资源，同水资源、矿产资源等自然资源一样，是人类文明发展必不可少的条件。

一个国家文献资源的贫富及其存取水平，是衡量该国文明水准和经济、文化、科学技术等综合国力的重要标志。文献资源的开发、利用程序直接影响到社会的发展与进步。由于历史、经济、文化等诸方面的影响，不同国度的文献资源贫富不均，同一个国家不同地区的文献资源也多寡不一。

文献资源是人类社会发展的产物。人类在改造自然界和社会的实践活动中，获得了来自客观世界的各种信息，这些信息经过人脑的提炼和加工，逐渐转化为知识。知识对人类社会的发展有着不可估量的作用。这是因为知识一旦形成，并与劳动者相结合，就可从潜在的生产力转化为直接和现实的生产力，创造日益丰富的社会物质财富，从而推动人类社会的进步和发展，因此知识成为人类社会发展的驱动力。资源，主要是指生产资料和生活资料的自然来源，人类通过不断发现、开发和利用自然资源，不断创造物质财富，为人类提供衣、食、住、行，使人类得以生息、繁衍，使社会不断发展。从知识也能为人类创造物质财富，并能成为人类社会发展的驱动力来讲，知识也是一种资源，是一种智力资源，但知识必须依赖一定的物质载体才能存在。

在人类社会早期，人类是通过大脑来存贮和传播知识的，由于各种生理因素的制约，知识难以在广阔的空间和持续的时间内积累和传播。随着社会生产力的发展，人类打破了自身的束缚，将知识转化为一些有规律的信息符号并在人体以外找到了新的物质载体，这种新的物质载体就是文献。显然，文献当中蕴藏着人类创造的智力资源。

在人类社会的历史长河中，随着文献数量的不断增加和文献负载知识功能的不断加强，文献积累、存贮了人类的所有知识，成为人类知识的"宝藏"。同时，人类在改造自然界和社会的过程中，通过不断开发和利用人类的知识"宝藏"，借鉴前人的经验和同代人的成果，不断创造物质财富，促进社会的进步发展。

由此可见，文献已经成为人类社会发展的一种不可缺少的资源。文献不断积累、存贮的过程，也就是文献资源不断积累、存贮的过程。文献积累的数量越多、延续的时间越长，文献资源也就越丰富。从这个意义上说，文献资源是迄今为止积累、存贮下来的文献集合。

二、文献资源建设概念

文献资源建设就是依据文献信息服务机构的服务任务与服务对象，以及整个社会的文献情报需求，系统地规划、选择、收集、组织管理文献资源，建立具有特定功能的藏书体系的全过程。换言之，文献资源建设就是一定范围内的图书馆及其他文献情报机构对文献资源进行有计划的积累和合理布局，以满足、保障社会发展和国家建设需要的全部活动。

文献资源作为一种知识资源和智力资源，不是天然存在的，而是需要由人去积累和建设的。文献资源是图书情报部门和各类文献服务机构赖以生存的物质条件，也是宝贵的人类文化遗产。

在现代社会，随着科学技术和社会文化的高度发展，社会的文献信息量呈爆炸式增长，文献信息类型多种多样。要想开发和利用文献信息资源，就要将分散、无序的文献信息建设成有序的整体系统。建设是开发的前提，没有对文献信息资源的建设，就谈不上开发和利用。所以说，文献资源建设是一项极为重要的基础建设工作，也是文献情报事业的重要组成部分，同时是现代图书馆学、情报学、文献学共同研究的一个分支学科。

文献资源建设一般包括两方面内容：一是各个文献情报机构对文献的收集、组织、管理、贮存等工作；二是一个地区、国家乃至国际众多文献情报机构对现有文献资源的规划和协作、协调收集和收藏，形成整体资源，即从宏观上制定目标和规划，进行协调和分工，以指导各文献情报机构的文献收集工作，突出各自优势，形成比较完备的收藏，并将其作为集体的资源共同享用，从而建立起一定范围内的文献资源保障体制。

三、图书馆文献资源建设的特点

（一）资源多样化

当前图书馆的资源类型呈现多样化的发展趋势，不仅有传统的图书资源，还有期刊、报纸、专题报告等。除此之外，还馆藏新媒体形式的网页数据、行为数据。这些内容都被收纳在图书馆中，而且这些信息并不是一成不变的，它们会随着网络信息的更新而更新。

（二）资源内容智慧化

各种信息技术在图书馆中的应用推动了图书馆服务的变化，主要由传统服务形式转变为智能化服务形式。智能化服务形式能够帮助人们实现图书馆文献资源的深度挖掘和整理。图书馆管理人员可以根据大数据所得的结果，对图书馆中的海量信息展开个性化、专题化分析，让用户精准地了解到需要的图书馆文献资源。

（三）资源保存战略化

数字资源形式的出现，有效地解决了纸质资源不易保存、易丢失的问题。但是数字资源本身也存在着一定的问题，包括数字资源对读写环境的要求非常高、非常容易被篡改等，这些弊端给数字资源的精准长期保存带来了困难。图书馆作为国家与社会信息的存储地，为了更好地保存数字资源，将其作为图书馆文献资源建设与共享的一部分。

（四）资源服务智能化

人工智能、5G、物联网、互联网等技术的发展，为图书馆设施及服务技术的更新创造了有利条件。如今的公共图书馆大部分已经具有人脸识别、座位预约、自动借还等功能，极大程度地提高了图书馆服务的能力和效率，使图书馆服务变得更加智能化。

（五）资源去中心化

如今的图书馆仍旧是大多数科研人员获取信息的主要途径之一，但随着图书馆开放范围的扩大，其开放途径越来越广，人们能够利用网络获取图书馆的各种资源和信息。图书馆文献资源建设会逐渐呈现去中心化的趋势，资源共享会随着用户目标的兴趣以及搜索目的发生变化。

第二节　图书馆文献资源建设的必要性

一、图书馆文献资源建设的配置

所谓文献资源配置，是指图书馆根据自身性质、任务和读者的需求，在既定的条件下，有计划地建设高效、合理的文献资源体系。文献资源的配置是一个从不合理逐步趋向合理的过程。合理性是指经济上的合理性，即用一定的配置成本取得最大的配置效益，或用最小的配置成本取得一定的配置效益。合理性是文献资源配置追求的目标。由于读者的信息需求是动态发展的，而文献资源配置的合理性总是相对的和暂时的，所以文献资源配置的合理性也是动态发展的。文献资源的高效配置是文献资源充分开发和有效利用的根本前提。

任何级别、类型的文献资源配置，都应从系统整体利益出发，立足整体，放眼全局，相互配合，调剂余缺，避免不必要的重复和浪费，从而提高文献资源配置的整体效益。

（一）数量与质量

文献资源的数量，包括文献资源总量和增量。文献资源总量是指在一定时期内图书馆经过积累所达到的文献资源数量。文献资源增量是指在一定时期内图书馆文献资源增加的数量，即净增量。总量的发展变化取决于增量的发展变化。

为了最大限度地满足图书馆读者的文献资源需求，图书馆在文献资源配置中，应该尽可能地增加文献资源的数量。因为图书馆的经费始终是有限的，所以在增加文献资源数量的同时，图书馆必须高度重视文献资源的质量，正确处理好数量与质量的关系，避免因片面追求数量而忽视质量，在确保质量的前提下增加数量，使有限的经费发挥最大限度的作用。

（二）一般与重点

任何图书馆的文献资源配置都有一定的范围，例如，文献资源在学科、语种、类型等方面的界定。在此范围内，图书馆应该正确处理好一般文献资源和重点文献资源的配置关系。所谓一般文献资源，是指根据图书馆的总体任务和全体一般读者的需求，在文献资源配置的范围内，所配置的能够满足图书馆一般读者需求的文献资源。所谓重点文献资源，是指在一般文献资源的基础上，根据图书馆的主要任务和主要读者需求所配置的、一定学科范围内的、系统完整的文献资源。

一般文献资源和重点文献资源是文献资源的两个必要组成部分。在文献资源配置中，图书馆要做到兼顾一般保证重点。一方面，要避免面面俱到的做法，要突出文献资源配置的重点，充分地提高有限经费的效益；另一方面，又要避免片面注重主要读者需求而忽视一般读者需求的做法，要有计划、按比例地配置文献资源，充分体现文献资源配置的科学性和合理性。

（三）品种与复本

文献资源配置能处理好文献资源的品种和复本之间的矛盾。购置文献资源的资金有限，如果复本量大，势必影响文献资源的品种，使读者需求难以满足；而如果文献资源的品种过多，又可能使某些热点和需求量大的文献资源短缺，难以满足读者的需求。因此，图书馆要对不同学科、语种、级次、类型的文献资源的数量进行科学的计算，根据本单位的性质、任务、特点和读者需求来确定各类文献的收藏价值，根据藏书空间、管理能力来确定各类文献收藏的可实现性，综合考虑各方面因素，提出相应的馆藏文献品种和复本量。如公共性的信息资源机构在文献资源品种配置上要考虑多层次、全面性，这是由信息服务对象的多样化需求决定的；而科学研究及专业信息资源机构的文献资源配置则重点放在少数几个研究领域，在某一点上进行系统化配置。

文献资源的品种与复本量是否与实际需求一致是衡量文献采访工作质量的重要标准之一，也是衡量馆藏文献质量的重要标准之一。文献采访的品种和复本量与实际需求一致才能实现文献资源购置经费的最佳分配与合理使用。因此，品种和复本量是文献资源配置中特别需要重视的问题。由于各种原因的影响，目前文献资源的品种、复本量与文献的实际需求常常存在较大差距：一方面，表现为相当一部分文献资源的品种和复本量超过了实际需求，存在明显的过剩现象，或是根本没被利用；另一方面，表现为某些读者需求的文献资源出现短缺、断档。要解决这一问题，图书馆必须对读者的需求、文献资源的内容及质量、文献资源的有效期等给予充分重视，特别是每种文献对相关读者具有不同作用与价值这一点应给予重视，并深入分析相关读者对同一文献的需求差别。

在确定文献资源品种和复本量时，图书馆不能孤立地研究某一文献，而应把该文献与文献资源总体、馆藏文献资源联系在一起，考虑两者对该文献复本量产生的重要影响，以及本单位的收藏特色和优势。只有考虑周全，科学合理地规划，我们才能处理好文献资源的品种与复本量问题。

（四）纸本与电子本

正确处理纸本印刷型文献资源与电子本文献资源的关系是文献资源配置的另一重点。纸本印刷型文献迄今还是馆藏文献资源的主体，其主体地位在较长时期内不会动摇。电子本文献资源代表文献信息资源建设的发展方向，必须妥善处理纸本印刷型文献与电子本文献的关系，适度收藏这两种类型的文献资源。

1.纸本与电子本兼蓄并存

在今后一段时间内，纸本印刷型文献与电子本文献将处于相互补充和共存的局面。纸本的文献浩如烟海，已经被转化为数字形式的却并不多。已有的大批量生产的纸本印刷型文献，既不可能也没有必要全部转化为数字文献。新出现的文献资料，往往同时发行纸本与电子本，并不采取单一的数字化形式发行。虽然电子本文献近期发展迅速，但纸本印刷型文献在数量上依然占主导地位。目前，电子本文献的权威性还不能与纸本印刷型文献同日而语。单纯的电子版大多缺少像印刷型出版物那样严格的评审与质量管理，因而在学术评价中还不能与印刷型出版物相提并论。电子本文献的价格并不低廉。从目前出版发行的具有特殊附加值的图书特别是丛书看，电子版的价格确实低于印刷版。但若考虑阅读这类文献必须配置的设备等因素，这类文献的价格就比较高。电子本文献的利用更多地受使用者的习惯与设备的影响。

2. 纸本与电子本的合理配置

随着电子出版物日益增多，纸本印刷型文献与电子本文献并驾齐驱、平分秋色的局面逐步形成。要处理好两者的关系，协调好两者的配置比例，图书馆应注意三个方面：一是要扬长避短。在使用检索类文献时，图书馆要以检索效率为先。电子检索工具可发挥计算机检索的优势，图书馆在文献收藏上应逐步加大电子类书籍的入藏比例。二是要择优选择。信息机构在进行文献信息资源建设时，应注意选择全文本与文献检索一体化的电子本文献，并逐步取代纯检索类文献。三是要兼收并蓄。当综合性的电子本文献与纸本印刷型文献重复时，利用率高的纸本印刷型文献可继续保留，以供读者阅览和借阅。

3. 调整纸本与网络资源的关系

随着互联网的发展，网络资源作为一种重要的文献资源，也纳入了文献资源配置的范畴。网络资源配置的主要依据是人们的网络资源需求，是以网络资源配置的效率和效果为标准，对当前的网络资源的分布和分配进行调整的过程。

从微观上说，网络资源配置是指各网络信息资源机构对网络资源进行各种形式的组合，从而为社会生产更多更好的信息产品，并获得利润。网络资源具有数量庞大、类型丰富、传输速度快、共享程度高、费用较低等优点，有效地刺激读者的资源需求，从而从需求拉动的角度促进网络资源有效配置，使网络资源实现更高水平的配置。各单位可搜集、整理网上免费的符合本单位特色的资源，并提供给读者。另外，网上数据库内容更新速度之快，是任何一种文献载体都无法比拟的，加之其在总体价格方面也具有一定的优势，各单位可以协调购买，通过共享的方式提供给读者。目前，网络资源与文献资源是相互补充的，在满足读者多元化信息需求的过程中，各有其功能和优势。因此，图书馆要合理安排纸本文献资源和网络资源的比例，实现两种资源的最佳配置。

4.各类型信息机构收藏的重点

不同信息机构对纸本和电子本形式的文献资源的收藏有较大差别。高校图书馆、公共图书馆、科学图书馆和社科情报机构收藏信息的载体形式以纸本印刷型为主，光盘型次之，网络型再次之；科技情报机构收藏信息的载体形式以网络型为主，其次是印刷型和光盘型，这两种类型的数量差距不大；信息中心、咨询机构和企业情报机构收藏信息的载体形式以网络型为主，其次是光盘型，再次是印刷型。三种信息资源在不同信息机构的资源配置中的地位，主要取决于两个方面：一是不同类型的信息资源有不同的特点和适用范围；二是不同的信息资源机构有不同的任务和工作重点。

未来将是传统图书馆向自动化图书馆、数字化图书馆转化的时期，也是传统图书馆与自动化图书馆、数字图书馆并存互补的时期。未来社会中，纸本与电子本文献将长期并存互补。正如克利夫兰公共图书馆馆长所言："要在知识的世界中找寻道路，我们需要经纬并重、阴阳并举，兼顾电子出版物和纸本式出版物。"

二、文献资源建设的必要性

图书馆可以保存文化精粹，传承历史文化。图书馆不仅保存普通的图书、期刊等文献资料，还保存名家真迹和文献孤本。如上海图书馆，在过去的十几年里，每年都要花费巨资对破旧文献进行修复、整理和编目，如今上海图书馆不仅将盛宣怀档案、家谱、碑帖、尺牍等编目整理了出来，还将其做成数字版供读者使用。他们还将工作重心放在内容建设上，发展衍生性服务，比如，将这些专藏做成一个个知识库，将原件资源与研究资源、印刷型资源与数字化资源整合在一起。每个地方都有其独特的文化历史底蕴，所表现出来的人文精神也不尽相同。图书馆，特别是公共图书馆，作为一个地区的文化场所，不论是其外部建筑和内部设施，还是收集、整理、保存的各类书刊资料、特色文献，都体现出地域特色，是一个地区文化的聚集场，突出了地区文化的特色。

文献资源建设是图书馆事业的基础，是图书馆存在的重要保障，只有完善文献资源管理制度，加强文献资源建设，才能真正发挥图书馆的作用。

（一）时代发展的需要

21 世纪是信息技术快速发展的时代，互联网的发展对各个行业都产生了极大的影响。同样，互联网也改变了图书馆的传统组成方式与服务方式。曾经图书馆的组成方式和服务方式大多是以纸质文献为主的借还活动，但现在的图书馆文献资源已呈现出多载体、多科学、多形式的发展方向。图书馆要想成为综合化的信息资源共享机构，仅靠单一的图书馆力量是无法实现的，只有在信息网络社会的作用下才能够达到这一目的。

（二）有利于解决图书馆馆藏力不足的问题

互联网时代的到来，使人为信息呈现出爆炸式的增长趋势，读者的阅读需求也逐渐向多样化、个性化演变。如果图书馆一成不变或仅依靠原有的书刊数量，根本无法满足各类读者的信息阅读需求。并且，当前我国各地图书馆普遍存在着文献资源购置经费不足的情况。经费短缺与价格上升之间的矛盾，使图书馆的购买力逐渐下降，长此以往，必然会出现馆藏文献数量不足和质量低下的状况。因此，利用互联网技术展开图书馆文献资源的共建共享，是图书馆未来发展的必然趋势。

（三）有利于解决文献资源重复的问题

图书馆运营如果仅依靠传统的登记、整理方式，会出现工作效率低下、管理秩序混乱的状况，因此有必要建立科学的图书馆文献资源共建共享系统。通过科学的技术手段，图书馆的文献采购、文献整理工作会呈现协调有序的状态，能够有效避免图书馆文献资源的重复和浪费。

（四）有利于优化图书馆的文献资源配置

我国部分规模较大的图书馆片面追求全面建设目标，忽略了图书馆本身的藏书特色和专业特点，这不仅会导致图书馆建设资源的浪费，还会使图书馆失去对当地读者的吸引力，达不到图书馆的建设目的。文献资源建设能够实现各图书馆之间的协调合作，使其共同开发有特点、有价值意义的文献资源，既能提高图书馆藏书的价值，又能帮助图书馆建设特色化的馆藏。

（五）满足读者多样化的阅读需求

在网络信息时代背景下，人们可获得的信息数量越来越多，人们的信息需求也会随之上升。要想获得全面综合的信息内容，仅依靠某个单一的图书馆无法实现，多个图书馆共同展开的文献资源建设可以在交流中实现资源整合，满足读者多样化的阅读需求。

第三节　图书馆文献信息资源建设影响因素

图书馆文献资源建设正受到若干因素的制约，主要表现在以下方面：

一、文献信息资源建设受资金限制

近年来，随着国民经济增长及文化消费升级，图书行业经历了产业规模的持续扩张，图书种类、印刷册数、销售码洋不断增长。人口结构、收入水平、受教育程度、年龄结构、城镇化水平等社会因素的变化，带来了国民阅读需求的分化，图书行业逐渐形成若干特点显著的细分市场。面对这种市场变化，图书馆的文献信息资源配置却基本没有发生变化，这严重影响了图书馆的文献信息资源建设。

二、缺少馆际文献信息资源共享

文献信息资源的共享一直是图书馆界热烈探讨的问题。文献信息资源的共享在内容上通常表现为协调藏书布局、编制联合目录、开展馆际互借、联机检索等；在途径上往往通过纵向和横向两种方式把各个地区、各个系统的图书馆连成一个相互连通、既各具特色又相互协作的共享网络体系。

从理论的角度看，相关的论述已经很多，也比较成熟。但从实践的角度看，推行的难度比较大。其原因主要是目前我国图书馆是分系统进行管理的。各系统的图书馆工作往往会侧重于自身服务的读者群，很少有不同系统的图书馆进行沟通交流。这就造成文献信息资源难以在系统与系统之间形成共享。即使是系统内的资源共享（如文化和旅游部在公共图书馆系统内推行的文化共享工程），基本上也是在政府规划下进行的，由上级主管部门统一制定整体规划目标和下达指令，具有强制性，不能根据各个图书馆的实际开展资源建设，常造成重复采购、资源浪费等情况的发生。由于各系统的图书馆间缺乏共享，一些图书馆为了丰富本馆资源，不得不增加独立采购产品的类目，由此又出现所购资源重复的情况。

另外，从文献信息资源供应商的角度看，为了其自身利益的最大化，他们并不希望图书馆之间实现资源共享。一个图书馆采购的资源，尤其是电子资源，通常不能分享给其他图书馆使用。供应商总是以版权保护和使用范围规定等为由，要求图书馆只能将所购资源提供给本馆读者使用。其他图书馆即使与其归属于同一系统，要想使用相同的资源也必须自己购买。由此，进一步造成了相同资源在不同图书馆重复采购的情况。

三、文献信息资源缺乏科学管理

当前，大多数图书馆的文献信息资源都实现了数字化管理和开放式服务，而且经过多年的积累，不少图书馆的馆藏图书"家底深厚"。但一个较为普遍的现象是，很多藏书多年未被利用，一直处于"藏书"状态。在如何进行图书科学管理与开放利用方面，需要进一步探索更为有效的方法和手段。一些图书馆经过多次倒库或搬迁，图书摆放混乱、错架情况比较普遍，这给图书查找及利用带来很大的不便。此外，每个图书馆的馆藏都有一些特色资源，对特色资源的整理开发也是文献信息资源建设的重要内容。然而，从实际情况来看，上述工作做得好的图书馆并不多。这主要有以下两个方面的原因。

一是没有很好地推动图书管理方式从"藏"向"用"转变。图书馆没有充分发挥主观能动性，在书籍管理方式从"藏"转变为"用"上下足功夫，推动图书馆实现功能转变。当前图书馆的大开放空间只解决了让读者看到图书馆有很多书的问题，但面对几十万、上百万的藏书，读者要找到自己想要的书并不容易，使得即使很多书本有适合的读者，也因为信息的不对称、不通畅而无法实现书与人的对应。

二是在开发本馆资源的过程中，既出现图书管理人员的文献工作能力不足的问题，又存在经费支持不足的情况。例如，要建设一个特色资源库，从选取资料、素材，到框架、栏目设计、数据录入、扫描及平台搭建，都需要投入较大的人力、物力。即使是简单的特色资源或专题文献展示，也需要围绕相关主题对馆藏书籍进行甄别、遴选、排序、上架。要抽取某本书中的内容进行专题编辑，更需要馆员具备专业资料的识别评价和甄选编辑的能力。在人员管理激励方面，要想促使图书管理人员做好文献资源的管理工作，必须引入绩效管理机制，鼓励馆员积极投入主动服务。

四、读者需求变化的影响

在社会信息化和国内高等教育体制改革的环境下，高校图书馆读者的群体需求更为集中，而个体需求更为分散。近年来，各图书馆采取的"压复本，保品种"的方法已不能满足读者的群体需求，大幅度压缩外文期刊的方法，也很难满足学校学科发展的需求，根据读者的需求特点，不断调整文献采访策略，成为高校图书馆采访工作的重要内容。

五、文献载体的影响

随着现代信息技术的不断发展，多种文献载体并存已成为高校图书馆馆藏的主要特征。在馆藏资源建设上不仅要考虑入藏文献的类型、学科结构，还要考虑不同载体的文献结构，特别是要考虑电子文献与印刷型文献的并存与替代的关系。由于高校图书馆经费及其他条件优于其他类型图书馆，所以高校电子文献已纳入图书馆文献采购的正式渠道，成为馆藏建设的重要组成部分。

六、信息网络环境的影响

长期以来，高校图书馆馆藏建设是以拥有物理形态的文献信息载体为其主要目标。随着国内网络化环境的形成、CERNET 的建立和 CALIS 的实施，高校图书馆馆藏文献资源建设的内涵与外延都增添了新的内容。完整的馆藏含义已成为物理形态的文献信息载体与网上信息的结合，一部分文献购置费用于获取信息网络使用权和文献传递服务。在图书馆文献资源建设上必须充分考虑利用信息网络化环境，微观文献资源建设与宏观文献资源建设紧密结合，物理实体馆藏与虚拟馆藏相结合，考虑购买文献信息服务与馆藏建设的关系，统筹解决文献信息的存取与占有。

七、图书馆对图书供应商角色认识不足

图书馆对图书供应商角色认识不足。图书馆在订购和招标过程中，很少站在图书供应商的角度考虑合作问题，常以自己是非营利的角色去看以营利为根本的图书供应商，在招标中附加苛刻条件。又如在书目信息提供上，图书馆希望提供符合本馆馆藏的个性化书目信息，却不愿意承担加收的费用，对图书供应商而言提供个性化的书目信息将会使其成本增加。

图书馆监管乏力。招标合同中，对到书率、到书时间有明确的规定，但在实际操作中图书馆却敷衍了事，对到馆图书仅核对数量与价格是否相符，至于是不是本馆订购的图书，图书质量如何，到书率如何，是否按时到书，提供的数据是否全面准确、及时，图书加工各环节是否规范等，因缺乏有效的监管手段，就只能听之任之。

八、技术因素

信息技术是影响图书馆信息资源建设的重要因素。一方面，压缩、录入、存储和检索等信息关键技术都会直接影响资源的质量。例如，我国多数图书馆在对馆藏资源进行数字转化的过程中，都需要使用光学扫描技术，可以说该技术是图书馆信息资源建设的重要支撑。另一方面，硬件设施在图书馆资源存储中的作用极大，海量的数据资源必然需要大规模的存储能力和设备来保障，否则必然会出现系统缓慢或者高访问量期间发生故障的情况。

九、数据库不实与滞后

众所周知，图书馆信息化离不开数据库的保障，然而一些数据库在引入后，

后期运营表现与宣传冲突较大，不仅存在数据缺失的情况，而且易出现内容失实的现象。随着时间的推移，数据库资源滞后性逐渐凸显，具体体现在部分会议与科技成果及企业名录方面的资源无法及时收录和获取。此外，在信息资源的全文下载业务中，由于存在部分不可获取资源问题，数据全文的保障率不高，因此购买服务缺乏保障。

第四节 大数据环境下图书馆文献资源建设的策略

一、图书馆文献资源建设原则

（一）系统性原则

由于我国文化底蕴深厚，研究者通过探索总结历史并以史为鉴，形成了许多宝贵的文献素材，而公共图书馆作为收藏历史文本的主要场所，文献资源建设关乎文明的传承发展，只有将其文化成果完备保留，才能全面展现其重要作用。想要促进文献资源建设良好发展，进一步展现文献资源的积极作用，图书馆须借助现代化技术，把文献资源的最大价值呈现出来，从而促进中华传统文化的传承与发展。

（二）公共性原则

公共图书馆需要明确自身的实际定位，建立层次鲜明的图书收藏系统，根据图书的价值作用、珍稀体系等内容展开深入分析，以便对那些珍贵、绝版的图书进行有针对性的分类，提高图书馆馆藏水平，并根据馆藏的实际情况，将具有珍贵意义、读者感兴趣的内容对外界开放，以便将我国的文化遗产予以保留；同时，还可结合用户的阅读兴趣，将学术价值显著的图书分类整理，以便为用户提供便捷的借阅服务。除此之外，还要将有意义、有价值的文献资源通过刻录方式制成光盘，制作成网络数据，作为虚拟图书馆的资源。为了打破我国与西方国家的界限，应积极引入西方国家优秀的书籍，从而增强中西方文化交流互动的效果。

（三）经济性原则

文献资源的媒介与模式呈现出多元化特点，不同用户针对文献资源的应用方法存在明显差异，要想处理好用户群体与文献资源的内在联系，需要确保公共图书馆的文献资源内容、模式、方式都能满足用户的基本要求，而这也是公共图书馆文献资源建设的重要内容之一。除了要把文献资源以适当的方式展现在用户面前外，还要为用户选取适当的书籍内容，致力于用最低成本创造出更高的价值。

二、大数据环境下图书馆文献资源建设策略

（一）加强对线上图书馆模式的探索

1. 用户友好

在大数据时代，程序编写人员应当充分考虑图书管理系统的用户体验。在使用图书管理系统时，用户可以根据需要注册账户，登录自己的图书馆账号，登录后可使用其中的借阅系统、还书系统、检索系统等实现相应的功能。程序编写人员应对程序进行不断的调试和修改，逐渐完善修改密码、还书提醒等细节设计，提高读者的使用效率。

为提高线上图书馆的质量，程序编写人员在编写图书管理系统程序时应注重对程序界面的设计，必要时应用相关的界面显示函数，调整程序运行过程中的颜色、内容，使其在运行过程中有较为清晰的界面，方便用户使用。程序编写人员在编写相关程序时，应注意对代码书写的规范及逻辑思路的梳理，加强与其他程序编写人员的沟通，使技术成果通过更多层次的审核。

2. 隐私安全与维护

大数据环境下用户的个人隐私容易被泄露，隐私安全成为互联网时代的一大难题。在用户注册和登录图书管理系统的过程中包含大量可利用的信息，网络管理人员应当接受相关的隐私安全培训，从而有足够的素养来维护用户的个人隐私。对于线上图书馆等新型的数据平台，图书馆应把用户的个人隐私放在重要位置进行保护，确保用户在使用过程中相关信息不会被泄露。用户隐私是用户接纳新型

服务模式的底线，也是线上服务模式的红线。

3. 程序稳定性

与实体图书馆相比，线上图书馆的优势在于方便快捷，因此对线上图书馆提出了更高的要求。图书管理系统程序的编写不仅能为图书馆工作人员带来便捷，还应当考虑到读者的使用体验。线上图书馆程序应具有极高的稳定性，以便读者在任何时间和环境下使用，充分发挥线上图书馆的价值。

另外，图书馆工作人员也应将图书馆的借阅信息、图书的库存信息实时反馈给读者，防止线上与线下信息不同步，更要杜绝借阅系统在使用过程中出现的错误，以减少不必要的矛盾，使得线上图书馆成为实体图书馆的助力工具。

（二）加强"纸电同步"建设

在大数据时代，人们对信息传递有更高的需求，信息总量也呈现出指数级增长的趋势，在如此压力下，图书馆需要积极地引进高新技术。图书馆文献资源建设应跟上"纸电同步"的趋势，才能提高服务质量，满足读者的需求。从当前的图书馆文献资源建设情况来看，依然存在不足之处，需要采取有效措施进行解决。

1. 建立统一的联合采购平台

在"纸电同步"的趋势下，公共图书馆文献资源建设的具体措施主要集中在建立联合采购平台、丰富"纸电同步"文献品种、制定统一的图书编目规则等方面。先从采购平台建立的角度来看，对馆配商来说，其往往会在自身的图书平台中对自身拥有的"纸电同步"图书资源进行展示，公共图书馆在馆配商中标后就必须应用该馆配商的平台进行采购，如果每年中标商都会更换，那么采购平台就必须在现实情况中进行不断的切换。还有部分采购平台的功能不够完善，不能满足实际的需求，所以在现实情况下，必须对不同平台的"纸电同步"图书进行整合。因此，应建立统一的联合采购平台，无论是公共图书馆还是馆配商都能登录平台，进而在平台上完成一切合作业务，有利于公共图书馆对文献资源的建设。

2. 图书市场丰富"纸电同步"的文献品种

对图书市场来说，有必要丰富"纸电同步"的文献品种，这样才能真正满足公共图书馆对文献资源进行建设的需求。在图书市场中，很多相关信息都包括其中，不同的群体存在着不同的需求，在这样的情况下，很多出版商开始对"纸电同步"图书的比例进行提升。但是从目前的情况来看，现有的"纸电同步"图书比例仍然无法满足公共图书馆的实际需求，之所以会如此，主要是因为公共图书馆对图书的需求往往由中标的馆配商进行满足，其只能与馆配商就相关问题进行沟通，由于利润等问题，馆配商能够提供的书目较为有限。除此之外，无论是出版社还是图书公司都无法真正地明确公共图书馆对"纸电同步"图书的需求。图书馆在图书市场中处于消费者的地位，所以出版商在对需求量进行调查时必须完全深入公共图书馆，真正明确图书馆需要的"纸电同步"图书数量与品种，之后还需要对公共图书馆需要的图书类型进行细致的调查，明确图书市场的相关信息及消费者的购买动机，对图书市场未来的变化趋势进行预测，如此既能够保证出版商的利益，也能够满足公共图书馆对"纸电同步"图书的具体需求。

3. 制定统一的"纸电同步"图书编目规则

有必要制定统一的"纸电同步"图书编目规则，这样才能真正使公共图书馆读者对文献进行合理的识别，提升对文献进行检索的效率。在书目数据方面，图书馆需要保证其真实性与客观性，并编制与"纸电同步"图书有关的文献目录，在系统中显示"纸电同步"图书的具体信息，能够提高读者的检索效率。一旦具备了统一的编目规则，就能够对"纸电同步"图书的内容特征进行明确，为读者提供检索点，使他们更清晰地了解文献情况。对图书编目规则的制定还需要从各个细节深入分析、研究，为读者对文献内容的辨别提供良好的信息支持，提升读者对文献进行选择的效率。总而言之，制定统一的"纸电同步"图书编目规则十分重要，必须引起相关人士的重视，在"纸电同步"趋势下更好地为图书馆文献资源建设服务。

（三）加强读者体验服务

1. 加强文献资源的管理工作

在一定层面上，图书馆文献资源的优良与否并不以其数量的多少作为评判的标准。现如今书籍的出版量越来越大，书籍的作者也越来越泛化。为避免资源的浪费，图书馆文献资料的保存可以根据书籍的特点调整复本数量，适当增加热门的文献资料存储量，减少冷门的书籍复本数量，以此发挥图书馆的空间价值。这样不仅能提高读者的满意度，更有助于增进读者对文献资料的了解。电子图书作为文献资料的重要形式，在线上图书馆中发挥的作用不可忽视，对于一些较为贵重或易受损坏的书籍，大力推广电子图书的使用能够很好地保护相关的文献资料，同时能够保障读者的利益最大化。

2. 加强对读者的个性化推送

大数据时代，每个人的阅读兴趣与阅读习惯能够被轻松获取，图书馆可以利用这一资源来完善自身的个性化服务。在线上图书馆系统中，可以根据读者一段时间的借还书情况，计算出读者的个人喜好，在线上图书馆程序中专门开辟一个模块做读者的书目推荐。人对书籍的检索能力是有限的，而计算机恰好能够起到补充作用。如此，读者能够轻松地获取与自己兴趣相关的书籍，从而反向推动线上图书馆的使用，带动图书馆良好运行。将符合每一位读者的读物个性化地推送给读者，能使图书馆里的静态文献资料"活"起来，将知识真正提供给有需要的群体。这也是大数据环境下社会文化传播与发展的新优势。

（四）加强智能采编工作

1. 在图书采编中应用大数据技术的必要性

（1）实现图书信息智能化采集

在图书馆日常工作中，图书馆工作人员需要对图书进行信息采集、借还管理及分类等，不仅工作量大、工作效率低，而且容易出现错误。大数据技术在图书采购、分类整理、归架整理及借阅管理中都能很好地发挥作用，它能智能化地采集图书信息，并对图书信息进行科学分析，也能实现对图书管理各个流程的智能化分析。技术手段与人工管理的有机结合，不仅减轻了图书馆工作人员的工作压力，也使用户能够更便捷地获取图书信息。

（2）实现采编数据智能控制

在图书整理及编目中经常会出现书籍名称与书籍记录信息不相符、书号与书名不匹配、书籍名称与索引目录不符合等情况，不仅给用户快速搜集图书信息带来了困难，而且难以使用户根据书名快速检索书籍，造成图书查找效率低下。大数据系统不仅可以帮助图书馆工作人员对图书信息进行智能审核，而且可以使图书馆工作人员及时发现图书编目中的错误并进行智能化调整，提高了编目效率。

（3）提高图书采编效率

传统的图书采编工作有很多环节，大部分编目工作需要人工完成，而图书馆工作人员的时间和精力有限，所以很难保障图书采编的效率。大数据系统可以根据图书馆的实际情况设定不同的图书采编标准及工作流程，简化采编步骤，并设定细化的采编细则，最终使图书采编工作达到数据智能化控制的目标。基于大数据系统的图书采编工作可以简化为图书预订、图书审核、图书入库三个环节。传统的图书采编要求图书馆按照最详细的图书分类方法，对图书进行全科分类后才能入库上架，这不仅给图书馆工作人员带来了较大的工作压力，也在一定程度上影响了图书编目效果。大数据系统的应用改变了传统的图书分类编目方法，实现了图书编目的智能化管理，提高了图书编目效率。

2. 大数据环境下图书馆智能图书采编模式

随着大数据技术的发展，图书馆将面临更多的数据资源，图书管理人员需要将更多的目标从图书整理转向信息资源的整理和评价上，由此图书馆的采编规模也发生了变化，需要图书馆及时进行优化。

（1）智能图书采编系统

大数据环境下，图书馆智能图书采编系统由硬件设备、数据分析层、操作界面三部分组成，系统的每个部分高度关联，使数据资源层层递进，组成满足图书馆智能图书采编需求的系统框架。首先，是系统的硬件设备，包括大数据分析系统、智能终端及智能书架设备，可以为系统提供必要的功能支持。其次，是数据分析层。数据分析层是智能图书采编系统的核心部分，主要由数据分析器、逻辑处理器、数据转换器、外部程序接口、资源驱动器和数据检验器组成，可以满足系统多种类图书信息数据处理运算的需求，实现图书信息的智能化匹配。最后，是操作界面，由图书馆工作人员负责维护，可以为用户精准查询图书信息提供必要支持，包括图书检索系统、图书信息数据库、用户操作平台、辅助程序平台等。

（2）智能图书采编流程

由智能图书采编系统提供功能支持的智能图书采编流程分为资源订购、图书审核、智能编目、智能登录和精准查询五个环节，每个环节紧密联系，在智能图书采编系统的功能支持下完成图书采编工作。

（五）加强文献资源服务

1.加强数据服务

在大数据时代，图书馆管理服务模式的创新要对数据信息进行合理应用与分析，这样才能为用户提供有效的资源服务；对不同数据信息进行深入挖掘与了解，从而对用户的兴趣有正确认识，在此基础上进行文献资源的推送。并且图书馆通过对数据信息的分析，能够明确自身在市场中的实际发展情况与发展地位，从而对自身发展目标与发展模式进行调整。

2.加强知识服务

在发展过程中，图书馆要对不同文献资源进行合理应用，通过精准的文献资源服务模式，为图书馆文献资源建设工作打下良好基础，同时为用户的知识学习提供适当的服务。比如，合理应用大数据平台，对不同信息资源进行获取与分析，从而对文献资源服务模式进行调整，这样文献资源服务的实时性就会得到保障，实现传统图书馆管理模式的创新与完善。

3.加强智慧化服务

在发展过程中，图书馆要想跟上时代发展的步伐，就要确保自身能够朝着智慧化方向发展。图书馆应促使服务模式、管理模式及营销模式都可以朝着智慧化方向发展，从而为用户提供智慧化服务。

（六）建设综合灾备体系

1.建立统一综合的灾备组织体系

图书馆作为安全保卫重点单位，任何灾难性事件都会给其带来难以估计的损失，有些甚至是毁灭性的打击。图书馆灾害主要是指发生的损坏图书馆公共财产、危害读者健康、造成或可能造成人员伤害或其他严重后果的事件。

在大数据时代，图书馆更是面临自然环境和网络环境下的多重灾难风险。数字技术使得病毒与黑客的攻击、软硬件的不稳定或损坏都可能导致系统瘫痪、重要数据丢失。因此，制订并落实图书馆应急预案势在必行。图书馆应以预防为主，减少损失的关键是有准备，准备的质量决定减少损失的程度。图书馆还应完善防灾减灾科技进步政策与创新机制；建立统一综合的防灾减灾组织保障体系，为灾害的预防、预警、预控工作提供大方针和大政策；加强图书馆之间的防灾减灾科技交流与合作，有助于图书馆之间加强协作、互补资源，提高获得先进的应用技术及管理经验的能力，形成跨地区、多层次的协同管理职能和机制；促进防灾减灾科技资源共享平台的建设，整合全国图书馆各灾害管理部门的分类灾害信息资源，充分应用数字化技术及网络技术；多渠道增加对防灾减灾的科技投入，建立图书馆防灾减灾基金。

另外，还应发挥国际组织的作用。在图书馆危机管理领域，以国际图书馆协会联合会为首的图书馆成立了专门的图书馆危机管理组织，在提供危机抢救和恢复指导、推进图书馆危机管理研究和实践活动等方面起到了积极作用。图书馆应明确职责，定期进行灾难演练。图书馆通过定期进行应急预案的模拟演练，可以提高应急处置的领导和指挥能力，确保应急工作落到实处；使每个图书馆工作人员在不断的实践中明确和熟悉自己的责任，提高应急素质，发挥预案最大的效用。

2. 构筑多维立体的法规体系

（1）重视法律法规的保障作用

文献资源是图书馆最基本、最重要的构成要素之一，是图书馆向社会提供服务的物质基础，然而，大数据时代文献资源建设的开展必然受到来自社会各种因素的影响。因而需要国家通过政策和法律对文献资源建设加以引导、协调、规范和保障。图书馆作为政府举办的面向社会公众服务的公益性文化机构，其文献资源建设更是与社会有着密切的联系，因而国家政策和法律的引导、协调、规范和保障作用更为明显。尤其是以法律保障文献资源的来源甚至复本数量，树牢图书馆的资源基础，也提升了图书馆应对灾难的能力。建立一个比较完善的图书馆法律保障体系是图书馆事业繁荣发展的根本保障。《公共图书馆宣言》中指出："必须专门立法维持公共图书馆，并由国家和地方政府财政拨款。"

（2）借鉴业界经验

很多国家都十分重视用法律保障公共图书馆及其文献资源建设事业的发展。

例如，英国重新制定并颁布了《法定缴送图书馆法案》，对 1911 年颁布的《版权法》中出版物样本缴送的内容加以更新，以便跟上时代发展和出版物技术变革的步伐，扩大出版物的呈缴范围，即从印本文献扩充到各种非印刷载体出版物，包括印刷型实体出版物（如光盘、缩微制品等）和网络出版物。这一规定保证了所有载体的重要出版均可被收集并作为国家遗产的一部分保存下来。

（3）打造立体的保障和规范体系

文献资源建设是公共图书馆最基本的业务建设，是公共图书馆赖以向社会公众提供文献信息服务的基础性工程。公共图书馆是面向全社会的公益性文化机构，承担着保障全体社会成员平等获取信息的重要职能。公共图书馆的文献资源是国家和社会公有的财产，文献资源建设与社会的政治、经济、科技、文化、教育等各个领域存在密切的联系，因此，公共图书馆的文献资源建设不是依靠图书馆自身制定规章制度或操作规程就可以完成的，而必须依靠能够体现国家和社会公众意志的法律法规来进行指导、调控、规范和保障。大多数国家对此已有充分的认识，因此十分重视通过立法来保障公共图书馆的文献资源建设，而且随着图书馆事业的发展不断修订和完善有关法律法规。文献资源建设涉及文献信息的生产、流通、采集、组织、加工、存储、传播、利用等各个环节，与多个领域的法律问题相关，因此各国对文献资源建设的法律保障并不是制定一部专门的法律，而是在多种法律中包含文献资源建设的内容，形成对图书馆文献资源建设的法律保障体系。这个法律保障体系不仅包括由立法机构制定的图书馆专门法、图书馆相关法，还包括为保障这些法律实施的规范性文件、制度和基于自觉意志的图书馆行业自律规范，以及本国政府批准参加或承认的与图书馆相关的国际条约、协定。

3. 加强对工作人员的培训

在大数据时代，图书馆文献信息资源灾难管理人员应具有较高的专业技能。由于实际情况不同，人员队伍建设应包括不同部门的人员，包括内部的文献信息资源保管人员，信息部门的技术人员，相关的电工、水工、设备修理人员等，以及外部的公安、消防、卫生、设备提供商、数据库供应商等人员。这些相关人员影响着图书馆文献信息资源灾难管理的成效，是文献信息资源降低损失的重要保障。

在日常工作中，每个图书馆工作人员都要熟悉馆舍布局及电源等控制地点，闭馆前关掉水管，人走断电，按操作规程使用设备，安全用电，安全责任分工明确，包干到人，发现隐患，立即报告，及时处置等，还应当增强防范意识，反应迅速，积极配合。相关工作人员要定期检查屋顶、水管、热水管等设备，看是否存在漏水、漏电现象；定期检查书籍虫害情况，在发现害虫时要及时清除；熟悉掌握脱酸的有效方法等。技术部门的工作人员必须认真保管自己的机器账号和网管部授权使用的账号，负责馆内网络系统数据的安全备份，跟踪最新防病毒信息及其防杀方法，做好馆内局域网的防范工作。工作人员应当掌握灾难发生时应采取的具体措施与步骤，并熟悉安全疏散步骤与线路；灾难发生时，工作人员应该知道如何迅速报警、如何组织疏散和抢救资料；对于灾后的抢救，要事先有人员方案的设定，能够快速整理信息，找到所需物资，组织应急救援，进行新闻发布。图书馆应当挑选和预备文献保护经验丰富的人才，可及时咨询恢复措施、方案，组织专家快速做出决定和抢救。

4. 建设文献存藏的立体空间

（1）提升馆舍功能

图书馆馆舍建设应该结合地质结构（如板块地质走向、断裂带位置等），切实保证和提高建筑物的防灾能力，为馆藏的保存以及发生突发事件后的抢救及恢复创造物质条件，因此，图书馆建筑的防灾级别和建筑质量应该被视为重点。

（2）加强数字备份

在大数据时代，海量信息不断涌现，图书馆重在内容为王。数字图书馆以大量数字化信息资源为基础，优质的数字资源能够为数字图书馆提供优质安全的服务。数字资源涉及的数据类型具有多样性，数据量的规模是海量数据，海量数据的组织、存储和备份是数字图书馆系统设计的核心任务，是确保数字图书馆提供安全优质服务的基础。图书馆可以将各种数据迁移到硬盘等载体上，实施数据离线存储异质备份，保证数据及电子文档长期有效、可读，防止数据受损害，保障数字信息的可延续性及灾后数据的恢复。

（3）建设战略储备库

战略储备是指国家为了应对战争和其他意外情况，保障国民经济正常运行和国防需求，有计划地建立的一定数量的物资、货币、能源、人力等的储存或积蓄。进入 21 世纪以来，文献也逐步成为战略储备的重要内容之一。战略储备库是保障国家基本文献资源长期安全有效保存的重要基础，是进一步探索中国文献战略储备路径和方法的实际举措。建立文献战略储备库的目标是重点收藏并长期保存文献资源。文献战略储备库的主要使命是完成针对文献资源的战略性收集和储藏，以实现对文献资源的持续利用和长期保存。在日常运行方面，当图书馆因地震、火灾、人为破坏、设备或系统故障等不可抗力因素的影响而短时间内不能恢复正常运转时，文献战略储备库必须能够接替主馆完成必要的运行。在确定上述功能的前提下，应在文献战略储备库场址的选择上最大限度地避免各类灾害等特殊情况对文献资源造成的损坏。文献战略储备库的建设应遵循易地建设、综合防灾减灾和安全原则，在选址上还应具备较好的交通和市政配套条件，以利于统筹规划和分期建设，并方便运转和维护。

5. 增强全民文献保护意识

宣传教育是防灾减灾的重要一环，增强全民防灾减灾意识，重在平时提高全民对安全预防工作的认识。首先，要让人们在思想上充分重视各种灾害的可能性和危害性；其次，要开展各种应急措施和应对能力的培训，使人们掌握处理应急事件的常识和方法。

图书馆应加强防灾减灾与科技队伍建设，培养一支训练有素的防灾减灾专职队伍，使其做到临危不乱、沉着应对、措施得当，从而降低损失、减少伤亡；教育全体员工发扬团队精神，同舟共济，保护人民群众的生命安全，保护国家财产不受损失。图书馆的人员结构复杂、流动性大，一旦发生突发事件，须将保证馆内人员人身安全、人员疏散和组织救助作为首要任务。对于入馆读者，图书馆要加强对其的入馆教育和警示教育，使其了解如何在图书馆工作人员的指挥下紧张有序地安全撤离和转移，出现险情时如何保护自己、如何处理伤者等。

另外，图书馆应丰富防灾宣传形式。首先，图书馆应利用各种形式宣传防灾知识，使人们充分了解各种灾难发生的客观过程，普及安全防范知识和有关法律法规，提高人们的防范意识和自我防护能力；其次，图书馆应组织有针对性的多样化的防范演练，提高人们的心理素质，加强对人们遭遇突发事件时的应急、应变能力的培养；再次，图书馆应在场馆内进行紧急疏散、消防等综合演练，邀请消防队员演示各种救援设备和逃生工具，让人们现场体验，提升人们的自救能力和救援技能；最后，图书馆应对文献资源的价值进行广泛宣传，使得保护文献资源、公共财产及文化遗产的理念深入人心。只有平常训练有素、安全意识深入人心，才能切实做到关注读者安全，避免突发事件发生时公众的生命财产受到严重威胁。此外，图书馆还可以通过模拟危机形势，检验预案的完善程度。

古人云："防为上，救次之，诫为下。"这说明有效预防对减少灾害带来的损失具有至关重要的作用。因此，我们对待灾害要有积极的预防意识和有效的防灾措施，防患于未然。图书馆的文献资料数量庞大、收藏价值高，设备众多，且具有较高的实用价值。尤其是在信息时代，计算机网络设备的增加和网络安全设施的部署，使得网络信息安全管理和防范难度较大，网络安全管理的责任更加重大。只有加强防灾意识和危机管理，才能对可能发生的各种突发事件、紧急情况事先做好准备，未雨绸缪，才能在事件发生时方寸不乱、从容应对。图书馆应加强危机教育和管理，对读者进行危机应对教育。如果图书馆工作人员和读者能够学会识别危机，就能在突发事件发生之前把问题控制在最小范围内，从而将危机化解于萌芽状态。图书馆通过广泛深入的宣传教育，能够增强读者的法治观念和社会责任感，使读者学习和掌握有关技能，从而减少或杜绝因缺乏安全防范知识、违规等造成的不必要的损害并消除恐慌。危机意识与技能教育可以让社会公众了解危机的性状，掌握求生和自救的技巧，树立正确的危机意识。此外，图书馆还应在从业人员中广泛开展危机教育，增强其危机意识，提升其应急处突能力。

总之，图书馆要加强防灾意识，事先制定出各种预防和应对措施，建立防灾体系，积极与各方配合，防患于未然。只有未雨绸缪，才能做到从容应对、处事不惊、临危不乱，从而避免灾害扩大，充分保护文献，有效地避免损失，为历史和后代留下丰富的文献资料和文化遗产。

第二章　图书馆文献信息资源建设的收集与采集

第一节　图书馆文献采访工作

文献采访是图书馆文献资源建设工作中的首要环节，是图书馆赖以服务的物质基础和前提条件，离开了馆藏文献的收集，图书馆的工作就如同无米之炊、无本之木。因此，文献的收集工作是图书馆工作的龙头，是一切工作的基础。图书馆文献采访工作的好与坏、优与差，直接影响到图书馆各项服务工作的能力和效果。

一、文献采访的概念界定

（一）文献采访概念名词的变化

图书馆自建立以来，就随之产生了文献采访工作，对这一工作的概念的定义，随着时代的变化而变化。在图书馆学术语中有许多同义词，如图书采购、图书采访、藏书补充、藏书采访，近年来又称为藏书选择、文献选择、文献选择与采集、文献采访等。但无论什么样的提法，其图书馆这项工作的实质内容都是变化不大的。

古代藏书楼时期，就出现了对图书的选购活动。那时的图书馆或藏书楼都是以保存图书为主，对书籍的选择主要是选择书籍的版本和书籍自身的文化价值，不考虑其他方面的因素。那时对书籍的选择的方式多以"访""求"为主，"即类以求，旁类以求，因地以求，因家以求，因人以求，因代以求，求之公，求之私"，就是古代的求书八法。现代图书采访中的"访"与古代的"访求"有很深的渊源。

近代时期，图书馆向社会开放，图书馆的功能增加了，服务活动增多了，图书馆怎样满足读者不断增长的对书刊的需要的问题产生了，随之产生了选书理论，提出了选择书刊的概念——藏书补充（也称藏书采访）。

20世纪80年代以来，我国图书情报界专家提出了"文献资源建设"这一概念，并以此为核心，建立了一系列新的理论。藏书补充和藏书采访中"藏书"的概念也逐渐被"文献"所取代，其原因是藏书一词的概念已经不能科学地反映现代社会出版物的本质，而文献一词能很好地涵盖现代各种出版物的形式特征。

近年来，随着信息技术和网络的迅速发展，各种形式的电子化和数字化的信息大量地涌入图书馆，文献一词面对潮水般的网络资源也有些无可奈何了，已经有许多学者、研究者提出来用信息资源一词来代替文献资源一词。如果信息资源涵盖了文献资源，那么文献补充、文献采访、文献选择与采集、文献采访是否也将被信息一词代替呢？目前还没有定论，还在研讨中。

（二）文献采访的定义理解

文献采访是根据图书馆的性质、任务和读者需求、经费状况，通过觅求、选择、采集等方式建立馆藏，并连续不断地补充新出版物的过程。文献采访应包含四个要素，即"为谁采访、采访什么、何处采访、怎样采访"。根据上述四个要素，我们可以将文献采访定义为：图书馆（文献情报机构）为建立馆藏而进行的有关文献的选择、获取等工作。这一定义回答了文献采访的四个问题：

1. 谁在采访——图书馆采访。这一规定指明文献采访工作是图书馆的一项工作，文献采访是图书馆的专业名词。

2. 为何采访——为建立馆藏。这一规定揭示了文献采访工作的目的。这里强调一个"为"字，是要将采访与馆藏有所区别。文献采访为建立馆藏提供必要条件，但两者并非完全等同。建立馆藏还须对采访的文献进行加工、组织等。另外，图书馆馆藏是一个动态的机体，文献在馆藏中不断地积累、完善和更新。

3. 采访什么——采访文献。这一规定指明了文献采访工作的对象是文献。用文献而非出版物来表示采访的对象，一是和文献采访一词相吻合；二是更能反映文献采访工作的实际情况；三是更易被专业外人士所理解。

4. 怎样采访——选择、获取等。这里用"获取"与"选择"进行搭配，而不用"收集"与"选择"搭配，是考虑到"收集"含有"选择"之意。在采访工作实践中，一般都是先选择，后获取。选择是对图书馆需要的文献进行决策或判断，获取是利用各种方法使选择的成果得以实现。

二、图书馆文献采访能力

图书馆文献采访能力指图书馆采访满足图书馆发展所需文献的能力。图书馆发展的内容是多方面的。一般而言，文献采访对图书馆发展主要表现在三个方面：一是通过文献采访工作，使图书馆不断地满足读者对文献的需求；二是通过文献采访工作，使图书馆不断地充实和完善馆藏文献结构；三是通过文献采访工作，使图书馆的无形资产随有形资产的积累不断得到提升和增值。

文献采访能力是图书馆的一项重要指标，它反映着一个馆是否有活力，反映着一个馆的发展状况；文献采访能力又是一种综合力，受图书馆内外环境的制约和影响。

（一）图书馆经费保障能力

图书馆文献采访主要是货币与文献的交换，一定的经费是采访工作得以进行的先决条件。理想化的经费供给是图书馆需要多少就有多少，这实际上是办不到的。图书馆的文献资源属于社会资源，其配置收到社会经济、文化、科技、教育等多方面的制约。考察一个馆的经费保障能力不单看经费供给量大小，还要看经费供给是否适度、经费来源是否稳定、经费使用是否合理。

1.图书馆经费供给量

一个馆的文献购置费少了当然不好，因为购置的文献难以满足读者的需求；过量当然也不好，因为有可能造成资金的浪费。一般来说，判断一个馆文献购置费是否充足，多是用比较的方法。如比较本馆历年来经费的供给情况，比较同类型同规模馆经费供给情况，比较书刊历年价格变动情况，比较历年到馆文献数量等。

2.图书馆经费来源

图书馆的经费来源有多种渠道：①政府财政拨款，主要针对各级公共图书馆；②主管部门拨款，主要针对学校、科研机构、机关单位图书馆等；③社会捐赠，有个人捐赠和社会团体捐赠两种形式，捐赠对象多为学校图书馆和公共图书馆；④自筹经费，主要针对个人或股份制图书馆。

3. 图书馆经费使用

考察一个馆经费保障能力的另一个重要方面是经费使用的合理性。图书馆文献购置费不是一次性使用完的，而是在一个年度范围之内逐批使用。图书馆采访文献大多不是采访单一类型的文献，而是采访多种类型的文献。这就涉及经费的计划使用、经费对各类型文献的投放比例，以及经费使用的审计和监督等问题。

（二）图书馆管理保障能力

图书馆文献采访工作管理涉及许多方面。从宏观上看，除了提到的经费管理外，对文献采访能力影响较大的因素是机构与人员、政策与制度和工作环境。

1. 机构与人员

文献采访在图书馆整个工作中处于龙头性的重要地位。每个馆不论大小都要设立相应的工作机构，配备适合的工作人员。对于采访工作量大、采访文献品种多、专业性强的馆应设立采访委员会、采访部、采访馆员三级管理体制。必要时还应设立文献采访咨询委员会。采访委员会负责全馆采访工作重大问题的决策；采访部负责全馆采访工作的实施；采访馆员负责具体的采访工作。

当前，图书馆文献采访机构的设置各馆不尽一致，主要是因为各馆采访工作的实际情况不一。但总体来看，也有对采访工作重视程度不够的原因。例如，对于大多数中小型馆来说，有的没有设立专门的采访机构，有的甚至没有专人负责采访；有的馆虽设立采访编目部，但由于重分编轻采访的现象还比较普遍，工作重心放到了文献的加工、分编上，淡化了文献采访工作的要求。在人员的配备上，只注意采访人员的体力支出，而忽视采访工作的智力投入。实际上，在商品流通非常便捷的环境中，文献采访馆员智力投入的重要性和投入的时间要远大于体力的投入。

2. 政策与制度

政策与制度是文献采访工作有序化的重要保障。图书馆的馆藏文献不是散乱无序的堆积，而是有目的地不断增长着的有序的文献集合体。馆藏文献建设的目的性、有序性，决定了文献采访的目的性、有序性；也就是说，一个馆要搞好馆藏文献建设，首先要明确文献采访的方针和政策。文献采访工作有着多道程序，采访者在工作中既接触钱又接触物。要使文献采访工作流程合理、行为规范，就必须制定合理、健全的规章制度。

各个图书馆因其具体情况不同，制定的有关文献采访政策和制度的名称和条款可能不同，但内容应包括文献采访的方针、文献选择的标准、文献采访的方式、采访工作的程序、文献的验收、资金的支出与报销规定等。完善合理的文献采访政策和制度是图书馆文献采访工作科学化、规范化和制度化的必要条件。

3. 工作环境

文献采访工作与图书馆其他各项工作相比较，具有自身的重要性、复杂性和多样性。说其重要，每年大量的资金从采访馆员的手中支出，大批文献由采访馆员手中进入，资金投入的价值如何，采访者的行为起着重要的作用；说其复杂，每一种文献从发行信息的收集到采访进馆经历了多种决策或多道程序；说其多样，采访者在选择文献时，以学者的态度，体现着对知识的把握，在购买文献时，以经营者的态度，体现着经营的理念，在与社会方方面面的联系中，以社会工作者的态度，体现着公关与沟通的技巧。从管理的角度出发，要搞好文献采访工作，不仅需要合理设置机构和人员、制定和完善规章制度，而且还需要一个优化了的工作环境。

文献采访者的工作环境涉及文献采访活动的各个方面，从"以人为本"的管理理念出发，这种环境主要指对文献采访工作者的约束机制和激励机制。

图书馆对文献采访者行为的约束机制包括：不断地对采访者进行思想品德和职业道德的教育；使采访者牢固树立为读者服务的思想；制定相应的规章制度，约束和防范采访者在经济活动中的违规行为；建立文献采访工作的评价体系，促使采访者不断提高自身的采访能力和工作水平等。

图书馆对文献采访工作的激励机制包括：对采访工作的成绩给予肯定和表扬，从精神和物质上奖励采访工作者；对采访工作者的工作条件尽可能加以改善，配置各种必需的文献采访工具，以提高采访工作者的工作效率；对采访人员的生活给予关心，解决采访工作者的后顾之忧等。激励机制要促使采访者保持一种积极向上的精神状态，即采访到一种好书，就有一次成就感；出现了失误，勇于负责，找出原因，不断改进。

(三) 图书馆采访者工作能力

当图书馆的文献采访条件具备一定的水平之后，采访者的工作能力就是关键因素。图书馆的经费保障能力、管理保障能力是文献采访工作的客观条件，而文献采访者的工作能力则是采访工作的主观条件。只有当主、客观条件同时满足图书馆文献采访工作的需求，才能说图书馆具有了较强的文献采访能力。

现代社会，随着知识"爆炸"和文献载体的多样化，图书馆对文献采访工作的要求越来越高。作为文献采访工作者来说，必须具备相应的素质和能力，才能适应现代图书馆的要求。对文献采访工作者能力的要求是多方面的，从文献采访工作的专业特性来看，采访工作者应具备以下工作能力：信息收集能力、知识理解能力、文献鉴赏能力、公关和协作能力、经济运用能力等。

三、图书馆文献采访决策

文献采访决策是为实现文献采访目标而做出的有关文献采访行动的决定，是文献采访者思想和意志的体现。在图书馆文献采访活动中，无论做出何种决策，都可以归于两类：一类是符合图书馆实际的决策，即正确的决策；一类是不符合图书馆实际的决策，即错误的决策。虽然决策正确与否是相对的，但通过决策结果的比较总能分出其优劣。

随着图书馆规模的扩大、服务功能的多元化，影响文献采访决策的因素越来越多，并且越来越复杂，决策结果的影响力也越来越大。提高文献采访的决策水平和决策能力已成为加强文献采访工作管理的重要方面。

(一) 文献采访决策的重要意义

第一，社会投资效益。随着社会经济的发展，对图书馆的投资效益日益引起人们的重视。图书馆的经费大量地用在文献建设方面，其中，文献采访是资金的主要消耗。文献采访经费的使用与文献采访决策紧密相关，而决策的结果又与投资效益紧密联系。正确的决策能够发挥图书馆投资效益，能够使采访的文献适应和满足图书馆需要；而错误的决策必然带来社会投资的浪费。

第二，图书馆职能发挥。图书馆职能分为两种：一是基本职能，指图书馆的自然职能；二是一般职能，指图书馆的社会职能。图书馆两种职能的发挥，要求图书馆首先拥有足够的文献资源。由于各个图书馆的性质、任务、规模、服务项目等都是具体的，因而各个馆的社会职能也是具体的，同样各个馆需求的文献情报也是具体的和不尽相同的。要充分发挥各个馆的社会职能，就要采访到满足各个馆发挥职能需要的各种文献。为此，要对文献采访活动进行正确的决策，确保图书馆职能的发挥和图书馆服务项目的正常开展。

第三，图书馆竞争力。随着信息技术和信息产业的快速发展，图书馆作为信息服务行业的一个成员正处于激烈竞争和巨大压力之中。图书馆面对严峻的生存环境，必然进行调整和变革，以增强和提升自身的竞争能力。图书馆作为服务性机构要增强竞争能力，只有自觉地去适应社会发展的需求，在巩固传统服务项目的同时，增加新的服务项目和内容。为此，首先要对文献资源的选择和获取进行审视，要提升文献采访工作的决策能力和决策水平，使文献采访工作适应图书馆的发展要求，使馆藏文献资源成为图书馆各种服务强有力的保障。

（二）文献采访决策的基本特性

1. 文献采访决策的层次性

文献采访决策的层次性表现在宏观决策和微观决策、重要决策和次要决策、上级决策和下级决策等方面。文献采访决策的层次性要求图书馆依据本馆的实际情况，建立有效的决策机制；区别和规定各层次决策权限和范围，明确上层决策对下层决策的作用，使各层次决策协调有序地进行。

2. 文献采访决策的连续性

文献采访决策的连续性是由馆藏建设的连续性决定的，而馆藏建设的连续性又是由人类知识产生的连续性决定的。文献采访决策的连续性要求采访决策者对本馆的馆藏发展规划、文献采访政策有充分的了解，并不折不扣地去执行；对馆藏现状有充分的了解，不断地修补馆藏文献中的缺陷，使馆藏文献随时间的推移不断地完善起来。

3. 文献采访决策的多样性

文献采访决策的多样性表现在决策对象的多样性和决策形式的多样性方面。文献采访决策的多样性要求采访决策者对决策对象有充分的了解和把握，决策目标明确合理；要求决策者充分掌握决策必需的相关信息；对重大和复杂的决策要采取集思广益、评估论证等方法，确保决策的及时和正确。

4. 文献采访决策的不确定性

文献采访决策的不确定性指文献采访决策的风险性。一方面，由于许多不确定的因素，文献采访者在做出决策时带有一定的模糊性，难以做出精确的判断；另一方面，由于不确定的因素，决策的结果可能与决策者的愿望相反。文献采访决策的不确定性要求文献采访决策者在做出决策前采用各种方法尽可能地减少不确定因素。

5. 文献采访决策的经验性

文献采访决策的经验性指文献决策者在进行决策时大多依据以往的经验，因为文献的选择本身是门艺术。文献采访决策的经验性要求文献采访者深入文献采访工作的实践中去，在实践中丰富自身的经验，在实践中获取新的经验；要求文献采访者不断地学习和掌握新的知识和信息，加大自身经验中的科学成分，为做出正确决策提供保障。

（三）文献采访决策的影响因素

1. 观念因素

观念指人的思想意识。由于决策是人的意志的体现，因而决策者的观念对决策起着重要作用。作为新时代的图书馆文献采访馆员，其观念应该与时代同步，与时俱进。在文献采访决策的实践中，一切从图书馆的实际出发，一切从读者的需要出发，充分体现现代图书馆的理念和精神。

2. 能力因素

能力指胜任某项任务的主观条件。文献采访者在进行决策时要做出正确的选择，要使决策效果最优化，就必须具备相应的能力。文献采访决策者应具备的能力除了一般决策者应具有的普遍的、共性的要求之外，受文献采访专业限定，受决策内容和决策对象限制，还有一些特殊的要求。①获取相关信息。②掌握文献情报和文献采访的专门知识；③熟悉文献和文献市场；④调查研究、综合分析。

3. 心理因素

决策者在进行决策时，其心理作用十分重要。同样，文献采访者的心理状态对文献采访决策也产生了重要影响。这就要求文献采访者要具备：①责任心。文献采访者所处的工作岗位决定了其肩负着重要的经济和社会责任，责任心和使命感是文献采访者搞好工作的前提。②成就感。文献采访是由采访者通过货币或非货币的方式获取文献。当文献采访者获取满意的文献时，当看到馆藏文献通过自己的劳动逐步丰富和完善起来时，文献采访者就会有一种成就感。这种成就感作为劳动的精神回报，推动并促使着文献采访者更加努力和勤奋地去工作。

（四）文献采访决策水平的提高方法

1. 文献决策民主化

图书馆作为收集、整理和保存文献资料并向读者提供利用的科学、文化、教育机构，采访何种文献资料不是由图书馆说了算，而是依据社会的需求即用户的需要确定。文献采访决策的民主化是正确决策的必然要求，要做到以下两点：①征求用户意见；②征求图书馆同仁的意见。

2. 文献决策程序化

图书馆馆藏文献建设是有目标、有计划的长期积累过程。其目标性和计划性要求文献采访决策程序化。要使文献采访决策程序化，就要对文献采访做出相应的规章或规定，为采访活动制定合适的程序，以保障文献采访活动的有序进行。在采访工作中要严格地按照已定的规章和制度进行，尽可能地避免或减少随机决策现象，降低采访决策的风险。

3. 文献决策系统化

文献采访决策的多样性、复杂性和不确定性要求图书馆在文献采访决策时进行系统化决策，要求图书馆根据需要建立相应的决策机制和决策保障体系，以提高文献采访决策的可靠性和正确性。①合理有效的决策机制。图书馆应建立合理有效的决策体系和决策机制，使全馆的文献采访决策既有分工又有协调，避免多头决策、重复决策造成的浪费。②信息保障系统。建立信息保障系统，就是要组织好相关信息的搜集、传递、加工与使用等工作，以确保决策时的需要。③专家咨询系统。建立专家咨询系统，可以弥补采访馆员在掌握知识、信息上的不足，为文献采访的科学决策提供必要的支持。

4. 借助现代科学技术

随着计算机技术、通信技术、网络技术在图书馆的运用，图书馆的业务工作正在由手工向计算机化、自动化方向转变，文献开始由纵向传递向横向和立体式方向传递转变，文献资源共享共建正由设想变为现实。现代技术的运用为文献采访决策提供了强有力的技术支持。文献采访决策者应抓住这种机遇，充分利用本馆使用的科学技术和设备，以增强决策的可靠性和科学性。

5. 强化文献决策结果评价

决策结果如何是决策者最关心的问题。对决策结果进行评价，一方面，判断决策正确与否；另一方面，为今后的决策积累经验。文献采访决策是连续不断进行的，对前一次决策结果进行评价，正确的可以树立采访者的信心，不正确的或者失误的可以总结教训，避免在下一次决策中重犯。

四、文献采集反馈信息的收集

（一）文献反馈信息收集的一般方法

1. 实地观察法

到被调查的对象中，通过直接观察得到被调查对象的初步印象，然后再反复进行分析研究，从而得到被调查对象的基本情况。如到参考阅览与图书典藏部门，就可以直接观察到读者阅读倾向与馆藏图书的利用情况。实地观察法的优点是收集到的信息及时、直接，这样就有效地克服了文献采集信息反馈部分辗转传递的不足。

2. 统计分析法

通过对收集数据进行统计分析获取有关信息，以最终取得对分析对象规律性活动的认识。如对馆藏做细致的分类统计，再结合读者借阅各类文献的统计，所取得的分析结果就是指导文献采集的重要信息。统计分析法的优点是统计结果比较客观，人为因素能够被较有效地克服。

3. 座谈访问法

通过会议座谈或个别访问等直接交流的方式收集信息。这种方法由于是直接面谈，不仅能够较快、省力地获取调查结果，而且调查可以根据需要不断调整、深入，是比较方便、灵活的信息收集方法。

4.表格提问法

根据调查需要，将调查事项设计成表格形式并发给被调查者逐项回答，以此获得所需的资料，如将馆藏图书分为若干类别，再把读者需求或拒借率分为几个等级，根据被调查者的回答结果就能分析出读者需求与馆藏状况的信息。表格提问法的结果在很大程度上会受到表格设计者与被调查者文化水平、心理素质等各方面因素的影响，因此，在准备调查前就必须充分考虑好如何克服这些人为因素的不利影响。

（二）读者需求信息的收集

图书馆的读者需求，是图书馆与读者相结合的内在联系。图书馆的文献采集就是为读者需求所驱动，以满足读者需求为目标而开展的。图书馆的读者需求取决于读者自身情况与读者外部环境。读者自身情况主要是指读者的职业状况、文化层次、年龄特征等；读者外部环境主要是指社会热点、文献出版动态等对读者阅读倾向产生广泛影响的社会因素。读者自身情况是读者需求的内因，对读者需求起着决定性作用。读者外部环境是读者需求的外因，外因虽然不能对读者需求的基本取向起决定性作用，但也直接影响着读者的需求倾向。

任何一个图书馆的读者，都是由特定范围、特定数量、特定类型、特定成分的群体构成的，各级各类的图书馆有不同的读者群。相对而言，公共图书馆的读者群最为复杂，专业图书馆的读者群则比较单纯，高等院校图书馆的读者群介于两者之间。

专业图书馆的读者需求是与其读者所从事的研究紧密相连的，所以，文献采集人员只要密切注意读者的研究方向就能基本掌握读者的需求。高等院校图书馆主要为学校的教学与科研服务，读者又分为本科生、硕士研究生、博士生、教师等不同层次，读者需求复杂一些，但是，高等院校的专业分布、课程设置、科研状况、教师与学生的基本情况是相对稳定的，图书馆文献采集人员可以从学校的管理机构获取这些决定着读者基本需求因素的信息。

读者外部环境对图书馆读者需求的影响是不容忽视的，特别是文献的出版发行往往与社会关注的热点相伴而行，这就形成了对读者需求产生巨大影响的声势。然而，受社会热点影响形成的读者需求往往不是读者自身情况的要求，所以，这种需求持续时间短、易变化。在文献采集过程中，采集人员应对其保持清醒的认识，不要受其影响而偏离采集目标。

（三）馆藏状况信息的收集

图书馆的文献采集工作，按程序在审查圈选了征订书目后，文献采集人员就必须将所审查圈选的文献拿到图书馆馆藏目录中进行核对"查重"。查重是文献采集人员利用图书馆目录掌握馆藏状况信息的基本方法之一。由此可以看到，掌握馆藏状况信息是文献采集必须遵守的基本要求，只有掌握了馆藏状况信息，图书馆馆藏原有的目的和体系才能够得到保持和发展；相反，脱离了这一基础，就会导致采集的文献不能符合图书馆馆藏的要求。

在文献采集的过程中，利用馆藏状况信息指导文献采集的方法很多，查重不过是日常采集工作中最基本的一项准备，按照藏书结构所制定的科学比例要求选择文献，才是全面利用馆藏状况信息指导文献采集的最重要的措施。

藏书结构，指依据图书馆的任务和读者需求，对多种藏书成分要求达到的收藏级别所安排的比重与构成，其实质是一个人为设计的系统藏书的框架模式。这个框架模式，制约藏书采集的范围与重点、数量与比例，制约藏书组织的划分与布局、排列与组合，也制约藏书管理的控制与调节、开发与利用。藏书结构虽然是一个人为设计的馆藏框架模式，但是这种框架模式不是脱离原有馆藏基础设计的空中楼阁。相反，任何藏书结构都是在原有藏书结构的基础上，规划未来藏书结构的深度，是将原有藏书基础与未来藏书深度科学结合起来的合理框架模式。显然，要原有藏书与以后采集目标成功地结合，首先就得做到摸清原有藏书成分中各学科出版物在文献类型、中外文语种、水平程度等方面的品种数量及其比例关系，掌握原有藏书基础、优势与薄弱环节，查明现存藏书的实际水平、已经达到的实际级别等。

第二节　图书馆文献信息资源的选择

文献选择实质上是对特定文献可否被收集、入藏而做的判断。每一种文献都要涉及学科或主题范围、水平层次、读者对象、文献类型、文献载体、出版发行时间和版次、出版发行地点和国家、制作方式、文种、价格等因素，它们构成了文献选择的依据，需要综合平衡后再决定取舍。

一、需求信息调研

（一）图书馆需求调研

作为图书馆的文献采访人员，在购置文献资源前，首先要准确掌握本馆的性质、任务、目标和服务重点，并在此基础上确定本馆的文献采访范围、重点、特色和结构。例如，学校图书馆要定期了解学校学科建设情况，了解学校专业设置、课程安排和教学参考书目，了解本校教师科研情况，及时掌握校级重点学科，并以此作为文献采访的参考依据。同时，采访人员还要根据本馆的发展规划、经济实力、读者人数，以及完成本馆任务、计划所需的文献保障，确定适当的文献采访规模。

（二）读者需求调研

读者需求调研，主要指开展对读者文献资源需求的调查研究，这是提高文献收藏质量和效益的重要环节。调查方式可采用书面调查、网上调查、询问调查和座谈讨论等方法。具体措施如下：

1.文献采访人员通过听取、征询馆内书刊阅览部、用户服务部等读者服务部门的意见，了解本馆馆藏文献的利用情况，从而掌握读者的文献需求。

2.定期召开读者座谈会。这是了解读者需求最直接有效的调查手段之一，可针对不同的读者群体如本科生、研究生、普通教师、专家学者等召开不同层次、不同范围的座谈会，从而满足读者的文献需要。

3.印发文献利用调查表。表格的内容可包括以下一些项目：读者姓名、年龄、职称、学历、专业，经常使用哪些图书、期刊、电子资源，对馆藏文献购置的意见和建议等。通过分析研究收回的调查表，图书馆能了解读者利用文献的规律，并直接获得读者的意见和建议。

4.深入基层调研。图书馆深入相关单位征求读者意见，请相关学科的专家学者荐购文献。

（三）馆藏信息调研

首先，要对本馆馆藏文献的收藏情况有总体了解。例如，本馆图书、期刊的收藏重点和收藏特色，目前收藏的中外文图书种数和册数，中外文期刊种数和册数，馆藏中外文图书和中外文期刊的大致比例，电子图书与印刷型图书、电子期刊与印刷型期刊的大致比例等。

其次，要统计馆藏文献的利用率。图书馆的文献资源建设应充分考虑本地区的教学、科研和经济文化的需要，要具有相对稳定的学科范围和读者范围。通过统计分析馆藏不同类型的文献利用情况，图书馆可以将相关文献利用率指标作为确定该种文献是否订购的依据。

最后，对馆藏文献资源进行分类、比较、研究和总结。通过对馆藏文献的全面分析，我们可以了解馆藏图书、期刊的特色，了解各个学科、专业是否都有一定数量的图书、期刊作为文献保障，重点学科是否得到资源倾斜，馆藏图书、期刊是否存在学科分布不均衡现象等。

（四）其他图书馆文献资源状况调研

由于经费的限制，任何图书馆的馆藏资源都不可能实现"大而全""小而全"，必须通过其他方式进行馆藏补充。目前，图书馆较好的补充方式就是资源共享，特别是与本地区其他图书馆的资源共享。图书馆对本地区其他图书馆的馆藏资源结构、特色、规模、收藏重点等情况进行全面的了解，将有利于采访人员有针对性地收集文献资源，避免重复浪费。

（五）出版信息调研

中文报刊最主要的征订目录是每年秋季邮局印发的下一年度《报刊简明目录》，各联合征订发行商和自办发行的期刊也会向图书馆邮寄征订目录、订单或样刊。图书馆在订购时一般参考《中文核心期刊要日总览》《中国报刊大全》《中国期刊目录》《中文期刊大词典》等工具书及《中文社会科学引文索引（CSSCI）》《中国科学引文数据库（CSCD）》等期刊数据库，并以此作为选择依据。

外文期刊征订的依据主要是中图公司、教图公司、世界图书出版公司等代理商印发的《外国报刊目录》，图书馆一般在每年夏天收到。近年来，中图公司、教图公司、刊林、华教快捷等期刊发行商都建立了网站，用户在网上可了解期刊征订信息。图书馆在订购时一般参考《乌利希国际期刊指南》《国外科学技术核心期刊总览》等工具书。

中文图书征订的主要依据是《全国新书目》《社科新书目》《科技新书目》《全国地方版科技新书目》等。近年来，这些书目都可以通过相关网站了解并下载。随着网络的发展，很多书商为提高到货率，开始自己想办法尽早获得各出版社的准确信息并制作更为个性化的新书机读目录，及时提供给图书馆进行批量查重和采选。越来越多的出版社通过自己的网站发布新书信息，或者通过更加快捷的电子邮件、QQ、微信等方式发布新书信息并为书商或图书馆提供机读目录。图书馆采访部门所能获得的出版信息越来越准确和迅速。

外文图书的征订依据以中国图书进出口（集团）总公司和中国教育图书进出口公司自行编制的《外国社会科学新书目》《外国科学技术新书目》《外国学术团体新书目》《外国高科技文献新书目》等为主。近年来，随着网络发展，很多图书馆通过中图公司、教图公司、中国国际图书贸易总公司的公司网站获取外文原版图书的出版发行信息。由于外文图书价格昂贵，图书馆一般以读者推荐为主要选择依据。为了更好地服务于读者，中国图书进出口公司开发了"中国海外图书采选系统"，不仅为图书馆采访人员提供更加及时的出版信息，还改变了传统手工操作的图书馆外文图书采访工作模式，利用现代信息与网络技术建立符合本馆发展要求的个性化工作平台。

声像资源、电子资源、网络资源由于其特殊性，出版发行信息主要来源于新闻媒体、出版发行商的推广宣传等。图书馆在选择时一般要考虑其价值和影响。

如声像资源，很多图书馆选择在中央电视台播放过的相关节目的光盘；数据库资源，很多图书馆采用集团采购的方式，选购适合本单位的重要数据库。

二、图书馆文献选择方法与步骤

（一）搜集文献信息

图书馆通过广泛搜集文献信息，把握文献来源，获得文献生产、制作、出版、供应、发行方面的信息。现代文献浩如烟海，文献目录则是揭示、报道、导向、控制文献信息的工具，尤其是出版发行目录，可以充分利用。文献信息是文献选择的基础，掌握的文献信息越多，可供比较选择的面则越宽，选择的难度越大，质量要求也越高。

（二）文献查重

文献采访部门将具体文献书目信息与图书馆的馆藏建设方针或文献采访计划进行比较，做出可否入藏的初步判断。判断的方法是通常要查阅馆藏目录，确知某文献是否已经入藏，并根据文献流通部门反馈来的信息，确认已入藏的文献是否需要增加复本等。这是选择的重要一步，或称粗选，其实质是对文献进行"范围选择"。

（三）文献信息分析鉴别

对已初选的文献，进一步分析、鉴别、评判，进行"质量选择"。选择文献时须侧重于对该文献的学科范围、内容价值和实用意义进行综合考察，并与同类文献进行优劣比较，然后做出判断。鉴别与评判文献是一项智力活动，需要有相当的学科专业知识并掌握适当的方法。

（四）文献信息的复选

在文献进馆以后，还必须经常地对馆藏文献进行评价。馆藏评价的结论可作为选择补充的依据。图书馆定期开展对文献选择和收集状况、支持研究的能力、用户需求和使用情况等进行调查、分析和研究，提出调整和优化馆藏结构的建议。

文献选择人员依此对馆藏文献进行筛选，剔除无用的或陈旧过时的文献，保留仍有利用价值的文献。这种选择是对图书馆现有文献进行的选择，可直接接触文献，选择的主要依据是馆藏建设方针、读者使用频率、文献使用寿命、引文分析结果、用户意见等。除了上述步骤以外，图书馆还须根据馆藏评价后所提的建议，针对文献采访工作中存在的问题和薄弱环节来改进文献选择方法，并补选和采集需要的文献成为馆藏。

三、文献信息采集工作要处理的关系

（一）处理好数量与质量的关系

数量和质量是对立统一的，一定的数量包含着一定的质量，而一定的质量又要有一定数量的保证。这种数量和质量的关系是相互依赖、不可分离的。在文献采访中要注意文献的质量，也要注意文献的数量，如片面地追求数量而忽视质量，就会导致文献资源收藏体系质量的下降；如片面地追求文献质量而不顾用户的基本需求和馆藏文献的总量要求，就会产生文献资源贫乏、文献保障率降低、拒借率增大，不能适应用户需求，服务职能就会淡化。只有把两者的关系处理好，才能满足读者对藏书的需求。选择采集文献应从质量出发，在保证质量的前提下，尽可能采集一定数量的观点正确、有科学价值、实用性强的文献资料。

（二）处理好重点与一般的关系

当今世界，文献出版的品种、类型、载体数量越来越多，任何一个文献信息收藏机构都不可能将国内外所有的出版物收集齐全。因此，就必须根据其主要任务和主要用户群的需要，较完整、系统地入藏某些学科、专业或专题范围的文献。该部分文献即成为其整个文献资源体系的重点部分，它反映了馆藏文献的个性，代表了馆藏文献的发展方向，并成为馆藏的核心。现在文献信息机构基本上采取的是"保证重点，照顾一般"的做法，这是正确处理重点和一般的最佳做法。对重点文献的选择要慎重，重点文献资源建设是不断积累的，一旦确定，就不要随意变动。在处理重点和一般关系时，要特别注意保证重点，一个图书馆的藏书没

有重点，就没有图书馆的特色。

而重点部分之外的其他所有文献，包括一般用户用于学习提高的基础书刊等，就被称为一般文献。这种重点与一般的有机组合，就构成了完整的文献资源体系，从而使图书情报机构能完成不同层次的服务任务，满足不同层次用户的信息需求。各级图书馆都应该使采集入藏的文献形成重点，并相互补充，形成一个有效的文献保障网络。

（三）处理好图书与期刊的关系

期刊和图书在内容上具有互相补充和不可代替的特点。因此，图书馆在文献入藏时应图书和期刊并重，合理地制定出一个明确的书刊入藏比例。

图书馆在具体制定本馆书刊入藏比例时，首先应根据本馆的实际情况，如经费、用户需求、馆藏基础等，确定本馆入藏文献要达到的用户满足率，然后再根据用户对期刊的实际利用率和需求，以及馆藏重点，确定应入藏的期刊品种及所需经费，定出一个比较明确的书刊比例。图书馆在选择期刊时，应注意期刊的连续性和重点期刊的稳定性。

（四）处理好中文与外文的关系

各个文献信息收藏机构任务不同、用户不同、用户群的文献需求层次和科学文化水平不同，因此，在中文与外文的关系上，应根据经费情况和用户的需要，在优先保证中文文献的前提下考虑外文文献。特别是随着电子信息业的发展，对于个别用户对外文文献的特殊要求，可通过网络查询获得，或通过馆际互借的方式获得。

第三节　图书馆不同类型文献的采集

一、图书的采集

随着我国国民经济的不断发展，人民的物质生活条件不断提高的同时，对知识的追求欲望也越来越高，给我国图书的出版发行业带来了一次繁荣的机遇。

（一）我国出版社的类型划分

为了加强管理，我国的出版社都隶属于一定的组织系统。按不同的方式，可把出版社划分为如下几种类型：

1. 按隶属领导系统划分

①中央级出版社，直接由国家新闻出版署领导，如人民出版社等；②各地方出版社，由各省、自治区、市新闻出版局领导，如湖北人民出版社等；③各部委出版社，由国务院各部委领导，如交通运输部领导的人民交通出版社等；④各大学出版社，由学校和教育部领导，如清华大学出版社等；⑤军队出版社，由军队领导，如解放军文艺出版社等；⑥群众团体出版社，由群众团体领导，如中国青年出版社等。

2. 按出版文献的内容划分

①综合性出版社，如人民出版社和各省、区、市的地方人民出版社；②专业出版社，主要出版本专业领域的图书，如机械工业出版社、人民交通出版社等。

3. 按出版文献的类型划分

①专门出版图书的出版社；②专门出版特种文献的出版社，如专利文献出版社、技术标准出版社、地图出版社等；③专门出版音像资料的出版社，如中央和各地方的各种音像出版社等。

4. 按出版文献的读者对象划分

可划分为：出版青年读物的出版社，如中国青年出版社；出版少年儿童读物的出版社，如中国少年儿童出版社；出版农村读物的出版社，如农村读物出版社等；还有出版盲文文献的出版社，如盲文出版社等。

（二）我国图书的发行机构

随着我国改革开放的不断深入和社会主义市场经济体制的不断推行，原来图书发行单一的、封闭的渠道模式已经打破，形成了以国营书店为主体，多种流通渠道、多种经济成分、多种购销形式的新格局，即建立了统一管理、分散经营、多渠道流通的体制，减少了流通环节。这也是新时期图书发行的特征。目前，我国中文图书发行的机构有以下四类：

第一，新华书店。新华书店仍是我国图书发行机构的主体和主渠道。新华书店内部，按其职能又可分为：管理店，即只担负对下级书店进行业务、财务、人事等方面的管理职能，而不直接销售图书的书店，如新华书店总店；发货店，即只担负图书进发、调拨、储运任务的书店，如北京发行所、重庆发行所等；销售店，即直接担负图书销售任务的书店。

第二，社会发行网点。社会发行网点包括国营商业售书点，即在国营商店内或供销社设置图书专柜；集体书店是一种集体所有制的专营图书企业，如企事业单位、街道等办的书店；个体书店是指个人所有制性质的零售点，如个体经营的书店、书亭、书摊等。

第三，出版社自办发行。出版社自办发行网点主要指各出版社设立的读者服务部、批发部、邮购部、门市部，以及在一些大中城市设立的发行站和特约经销店。这是图书出版发行产销合一方式，它可以密切联系出版社和读者的关系，减少图书商品的流通环节。

第四，各类图书发行公司和图书直销公司。这些公司有的由几家出版社联合筹建，有的由出版社与书店联合创办，有的则由一些学术团体主办。这些公司最大的特点是经营上的灵活性。

（三）图书采集的一般程序

图书的采集程序分为调查准备与图书选择、订购、验收三个阶段。

1. 调查准备与图书选择

为了搞好图书的采集工作,必须做好图书订购前的调查准备与图书选择工作。其内容主要包括:

①熟悉和了解馆藏和本馆采集年度计划、读者需求和出版发行情况。②主动而广泛地收集各种书目情报,并仔细审阅征订书目,然后进行圈选,并确定复本数;图书选择可由读者推介,或由文献采集人员圈选,也可将书目送交有关专家、用户圈选后,文献采集人员再根据馆藏情况进行取舍。③将圈选后的书目送交业务馆长审批。④将审批后的图书进行查重,看本馆以前是否订过或配套,以避免不必要的重复和人为的不配套。查重主要从公务目录和预订目录中查找。公务目录反映已入藏的图书,预订目录反映已预订但尚未到馆的图书或已到馆尚未分编的图书。两种目录在图书采集中的作用是不能代替的,因此文献采集人员编制预订卡目录是很有必要的。其好处在于:首先,便于确定文献采集人员查重和读者查询的某种图书,图书馆是否已订购;其次,便于文献采集人员续订多卷书和丛书并配套;最后,可以作为图书验收的依据。预订卡的编制一般都是将征订目录中的有关款目剪下贴在卡片上,再加上投单去向、订购时间。其目录组织一般是按书名字顺的汉语拼音排列。目前,在实现了计算机管理的图书馆,文献采集人员只要将审批后的订单录入计算机系统中的采集库进行查重,计算机将自动对录入的数据与本馆藏书总数据库、编目库、采集库逐条对比并进行查重,免去了对公务目录和预订目录的人工查重,文献采集人员也不必制预订卡了。

2. 订购

订购阶段的主要工作是按要求填写订单、寄发或送订单到新华书店等有关图书发行单位。若是邮购图书,还须到财务部门办理有关汇款手续。

3. 验收

验收阶段的工作主要是采集人员到收订单位提取图书,与验收人员一起核对清单与订书是否相符，并给出图书去向，抽出预订卡或在预订卡上注明图书到馆、报账。

二、期刊的采集

期刊的采集与图书的采集相比，有很多不同之处，主要表现在：其一，发行渠道不同。图书主要由新华书店发行，这是图书采集的主渠道。期刊的发行主要有两大渠道，一是邮局，二是各编辑出版单位自办发行。其二，来源不同。图书来源于正规出版社，而期刊则不同，很多地区、系统、组织都有编辑出版机构，自办发行。其三，出版规律不同。图书出版周期长，它反映的内容是以往知识的概括总结，因而它的知识价值重于情报价值。而期刊出版周期短，内容新颖，传递速度快，具有重要的情报价值。所以，期刊的采集较图书的采集更为复杂。

要研讨中文期刊采集的方法与程序，必须首先对中文期刊的评价方法有一个基本的了解。

（一）期刊的评价方法

要选择期刊，必须首先对各种期刊进行评价，经过各种标准的评价，对其学术价值和利用价值有一个全面了解，才能保证所选择期刊的质量。期刊的评价方法可从两个大的方面来进行。

1.一般评价

期刊的一般评价主要从以下方面进行：

（1）外观

期刊一般由刊物的名称、出版频率、开本、页数、容量、定价、发行方式、发行范围等基本元素构成。它们受期刊的性质、内容、发行数量、经费等因素的影响。

（2）编辑方针

无论什么类型的期刊，在其诞生之前必须首先确定期刊的编辑方针、风格及总体构思。

办刊宗旨：创办刊物的指导思想及目标、方向等。

期刊的性质：期刊内容的学科类别属性和层次，是学术性期刊，还是政论性期刊；是多学科的综合性刊物，还是专门性刊物。

读者对象：根据期刊的宗旨、性质决定的社会读者群体。

期刊内容：根据期刊的性质和读者对象确定的刊登内容、范围和层次是高级专业性学术期刊，还是科普性期刊；重点刊登哪些方面的稿件，其次刊登哪些方面的稿件。

（3）期刊的特征

在内容与形式上区别于其他期刊的特点。

（4）版面设计

主要指期刊封面、封二至封四、刊芯页面的设计。这项工作由美术编辑与责任编辑共同协作完成。期刊的版面设计质量比其他印刷品的质量要求高，特别是对于科普类、文艺类、娱乐性期刊尤其如此。版面设计得优美、合理、得体，就能把各类材料，包括标题、正文、图片、题饰等有机地组合起来，相互协调、统一，使期刊显得生动活泼，从直观上给人以美感，增加对读者的吸引力。不同性质、内容的期刊，版面设计要求也不相同。版面设计的原则是实用、经济、美观、形式与内容统一。

（5）索引

将书刊等各种文献中所提到的人名、地名、物名、事名、书名、篇名或其他主题名称，依照一定的排列方法（如笔画、字顺、拼音、四角号码或分类）做成条目，并注明其在书刊等文献中的出处，或所在的位置、卷面，以便使用者从不同的途径检索到他所需要的资料，叫作"索引"。期刊论文的索引必须有以下三个项目：①题名，即该论文的标题名称，包括主要题名、并列题名、副题名；②责任者，包括该论文的著者、译者、校注者；③文献出处，即该期刊的卷期标识及页码。

（6）期刊的发行

期刊发行是期刊传播的重要环节。我国目前的期刊发行基本上是邮局发行和编辑部自办发行两种。自新中国成立以来，我国的期刊基本上由邮局统一发行，每年的9月份，由邮局向全国印发次年的报刊目录，各地方邮局负责办理征订、发行业务。期刊编辑出版部门与邮局签订合同，邮局根据期刊数量、定价按一定比例收取发行费，期刊出版后交邮局发行。这种发行方式的优点是：①可以使编辑出版部门集中精力搞好期刊编辑出版工作；②有利于加强发行工作的计划性；③邮局覆盖面大，邮路传递迅速方便，有利于发行工作。缺点是发行渠道单一、死板，读者购买不便。

随着社会经济和科技的发展与进步，读者需求的日益增长，发行任务日益繁重，加之近年来邮局发行费用的不断增长，以及纸张、印刷价格的上涨，造成期刊成本提高，部分期刊采取由编辑部门自办发行或若干个期刊编辑部联合发行。这些刊物的编辑部或联合发行的具体经办部门，广泛散发订单，宣传介绍刊物的性质、内容、办刊宗旨、读者对象等，征求订户。这种发行方式也有一定的优点；节约资金、降低发行费用和期刊成本；加强与读者的联系，便于获取读者的反馈信息。缺点：编辑部须占用一定人力做发行和邮寄刊物等工作；经手环节多，容易出现差错，造成遗失、缺期。这类期刊专业性较强，学术价值较高，高等院校图书馆和科研单位的图书馆应注意收集这类期刊。

2. 实质评价

期刊进行实质性评价主要有以下方法：

（1）引文分析方法

期刊论文的后面附有所引用文献或参考文献，这已经是众所周知的著文习惯。引文分析法就是以来源文献的引文（或参考书目）作为处理和操作对象。所谓引文分析法就是利用各种数学及统计学的方法和各种逻辑学方法对期刊、论文、著者等各种研究对象的引用或被引用的现象进行分析，以便揭示其数量特征和内在规律的一种文献计量研究方法。实际上也是反映期刊被利用的状况。这种方法比较完善，应用较广。

期刊文献被引用多少，是对期刊质量和学术价值的极好测度，利用它可以比较科学地选择和测定核心期刊。它不需要通过其他形式对用户进行调查，也不要求用户的响应。这是研究核心期刊的重要方法，但它亦有不足之处。因为期刊文献的互相引用是一种复杂的思维过程，期刊的可得性及其出版规模、频率等，对其被引用都有影响；情报报道服务也会扩大期刊文献传播范围，增加被引用的可能性。

（2）流通统计方法

流通统计法是指根据用户阅览和外借期刊的次数来评价期刊质量的方法。这种方法主要靠用户借阅档案和期刊袋卡，但是对于室内开架阅览的期刊因简化或取消了填卡的手续，只好靠抽样调查解决。流通统计评价期刊的质量有时有一定的局限性。

（3）二次文献分析法

二次文献分析法是通过主要文摘或索引所摘引的各种期刊论文篇数的多少来评价期刊质量高低的方法。一般来说，摘引率越高的期刊其质量也就越高。但是在我国使用二次文献分析法时还有一些特殊情况应引起注意：第一，不应以无选择性而全面摘引的文摘和索引为依据，如《全国报刊索引》《内部资料索引》；第二，部分限制发行的社会科学内部期刊不宜作为依据；第三，专业覆盖面窄、研究者少的学科，其论文必定比常规学科要少得多，因此摘引率必定要少，要确定适当的摘引比例。

（4）载文量方法

载文量法是指通过对期刊文献每一个分册刊载的专业论文的数量的多少来评价期刊质量的方法。

（5）编辑单位分析法

不同的编辑机构所出版的期刊质量也不同，著名的学者所组成的编辑部或著名的学术团体、科学研究机构、大学等所出版的期刊，其质量一般都较高。这些编辑机构往往在一些学科领域代表着国际水平或国内水平。一些著名的商业性出版社出版的期刊，一般质量也较高，这类出版社往往都为一些著名学者或研究机构提供资助，以取得其文献及研究成果的出版权。这类出版社对所刊登的文献都有严格的要求，以保证出版信誉。

（6）综合分析法

综合分析法就是采用两种或两种以上的方法，参考多种评价指标，进行综合分析，以确定每一种期刊质量优劣的方法。

期刊的评价方法有许多种，各种方法都有其特点，同时也都有不确切的方面，应尽可能地把各种方法结合起来，进行综合评价，才能科学地评价期刊的质量。

毫无疑问，核心期刊、重点期刊是图书情报部门收藏期刊的重点，但非核心期刊、非重点期刊要不要收藏、收藏多少，这也是期刊采集中必须解决的问题，要对非核心期刊区别对待，有针对性地收藏，以形成科学的藏刊体系。

（二）期刊选择的原理阐释

在期刊选择过程中，图书馆一般都应用了下面两个原理：

1. 核心期刊效应

核心期刊是指发文质量高，信息含量大，被摘率、被引率和借阅率都较高，被公认为代表着学科（或专业）当代水平和发展方向的期刊。

核心期刊效应是由于核心期刊的存在而出现的一种特有的现象。即当一种专业期刊成为某一学科中公认的核心期刊以后，一是会更加吸引较高层次的作者向其投稿，进而其学术水平的提高有了更多的保障；二是会吸引更多的订户，使该刊的编辑出版者可获得更大的社会经济效益；三是会更加受到学术界的重视，人们往往依据在该刊上发表的文章去评价某一研究者达到的学术水平。这些统称为核心期刊效应。各个学科都有自己的核心期刊。一般来说，只要掌握了核心期刊，就可以用较少的花费获得较多的信息。

2. 引文集中效应

引文集中效应就是对期刊文献中的引文情况发现的一种特有的现象。即大量的引文集中在少数核心期刊中，引用次数越多，种数越少。期刊文献被引用得越多，说明期刊的质量和学术价值越高。

（三）期刊选择的依据

期刊的选择，是对各种期刊文献进行鉴别，决定其取舍，因此需要对各种期刊文献做出比较全面、客观的评价。但目前，这种评价的标准还没有取得人们的共识。

我国一些信息服务机构对于期刊的选择提出过一些基本原则，如"根据本单位的性质、任务及用户需求，选择那些专业对口、质量较高、适合用户水平的期刊"等。然而，这些原则或标准都太抽象，很难用于实际操作。在实际工作中，作为期刊的选择依据主要有以下方面：

1. 期刊内容的主题或者学科归属

这是图书馆采选期刊的基本依据。任何一个图书馆，都有其特定的专业服务范围，因而只能选择与本单位专业方向一致的学科或专题范围内的期刊。采集人员通过发行部门编印的期刊目录、内容提要及有关刊评材料，可以方便地获得期刊的内容信息，做出大致的取舍判断。期刊在长期连续出版的过程中，创刊、停刊、合刊、分刊、复刊、改名等现象是经常发生的。期刊采集工作者，要主动到邮局去了解中文期刊发行情况的变化，及时向出版单位查询，掌握期刊出版动向，减少漏订和注意补缺。

2. 读者的需求量

收集期刊的目的就是为了提供给读者利用，满足读者需要。为此，要探索出读者需求的规律，掌握读者成分和需求变化的情况。了解读者需求量的方法有：①通过期刊借阅统计，分析研究读者的需要；②通过与读者直接交谈，了解他们对期刊需求的意见和对期刊的评价；③印发期刊需求和评价调查表格；④召开需要期刊和评价期刊座谈会；⑤举办新入藏期刊展览，既能宣传期刊，又能当场听取读者的意见和评价。通过以上五种方法，将读者的意见收集起来，再进行归纳分析，做出符合客观实际的判断，以提高期刊收集工作的质量。

3. 期刊的质量因素

通过如前所述的几种期刊的评价方法进行综合分析，了解期刊的质量，为期刊选择提供可靠的依据，提高期刊选择工作的水准。

（四）期刊采集的影响因素

期刊采集即"期刊采购"，也称"期刊收集"。它是图书馆期刊文献采集人员根据本单位的性质、任务及读者需求特点，通过访问、调查、征求及索取等手段，运用多种方法，有计划和有针对性地选择和收集期刊文献以补充馆藏的过程。它是期刊建设的主要任务，是期刊管理工作的第一步。影响期刊采集的因素主要有以下方面：

1. 期刊阅览记录报告

期刊阅览是图书馆组织读者在指定的阅览室内阅读或浏览期刊文献的一种服务方式，又称"期刊内阅"。期刊的内阅，必须做好阅览记录报告，从而切实掌握读者的动态及读者的借阅情况。例如哪些读者常来阅览室，他们属于哪类读者群？期刊流通阅览情况及其效果如何？读者对各类期刊需要的比例如何？阅览室对读者需要能满足到什么程度等。有了各类真实的统计数字，阅览室或图书馆即能掌握第一手材料，做到心中有数，以随时调整期刊资料和人员的配备，加强和改进阅览室的工作，特别是为期刊的采集工作提供可靠、有效的依据。

2. 经费

书刊种类激增、价格上涨、购书经费紧张是各图书馆普遍面临的问题。《中华人民共和国高等学校图书馆工作条例》规定，书刊资料购置费在全部教育事业费中应占5%左右的比例数。这一规定大体上是符合教学和科研实际需要的。但是，有的院校图书馆书刊的购置经费却不足5%，有的甚至在2%以下。与此形成强烈反差的是，在市场经济体制建立过程中，由于人才市场需求变化，各高校都增设了若干新专业。高校在新增专业的同时，应相应地增拨一笔专款用于购置新办专业的文献资料，以保证专业建设与文献建设同步发展。

3. 观念

长期以来，由于受传统观念的束缚，某些图书馆存在"重藏轻用""重书轻刊"的思想，对期刊的作用及其情报价值认识不够，导致期刊中的大量情报信息源没有充分发掘出来。为了使期刊更好地为经济建设服务，必须克服"重藏轻用""重书轻刊"的思想，更新观念，提高期刊经费比例和订购的质量，保证藏刊的全面性和连续性，向社会提供优质服务。

4. 市场

期刊市场及订购手段的变化，新形势对文献时效性的要求更迫切了，但目前相当一部分图书馆的采集工作仍停留在手工操作上。加之在改革大潮及市场经济冲击下，出版发行部门也发生了很大变化，采购书刊从原来比较单纯的邮购、订购渠道变为多渠道的书刊采购。书目信息源重复给期刊采集工作带来了无谓的重复劳动，而且稍一疏忽就会造成浪费。

5. 素质

采集人员变动频繁、不稳定，也会给采集工作带来很大的损失和影响。所以图书馆要尽量稳定采集工作人员队伍，注意配备文化素质和专业素质较高的人担任采集工作，逐步加快计算机采购管理系统的建立。

（五）期刊采集的方式

期刊的采集是整个期刊工作的"龙头"，期刊采集是否恰当关系到馆藏质量与读者利用的效果。期刊是连续出版物，收集时必须考虑其连续性、系统性、完整性、时效性等特点，在当前期刊价格上涨幅度较大的情况下，对期刊的选择、采集更须慎之又慎。中文期刊采集一般分为订购、交换、寄赠三种方式。

1. 订购方式

订购是期刊采集的主要方式，订购包括预订、现购、邮购、委托代购、复制等。期刊大部分是统一定期订购，一般一年订购一次。绝大多数期刊主要是通过征订目录进行选择预订。国内公开发行的中文期刊的预订，通常都向当地邮局办理订购手续，只有少数期刊由出版单位自行收订或由新华书店零售。订购单位首先应收集征订目录，掌握出版动态，然后进行期刊读者调查，摸清读者对各类期刊的阅读需求，建立预订目录卡，即订购期刊的原始记录和凭证。

预订目录卡一般按刊名字顺或音序排列，也可按刊号排列。确定报刊的订购、续订、增订、停订后，再根据邮局规定的要求、期限，填写订单，核算定价，整理收据，办理付款结账手续。

2. 交换方式

期刊交换是获得期刊的一种重要方式。国内外一些科研机构、高等院校和文化团体编辑出版的期刊，常不公开发行，要通过交换才能得到。同样，一些多余的馆藏复本也只有通过交换才能获得。因此，期刊交换这种方法是促进相互了解、进行科技文化交流和情报信息交流的一种有效手段，也是相互补充、拓宽期刊资料来源的一条重要途径。

（1）国内交换

首先必须建立相应的机构。我国图书情报单位的书刊交换工作，一般由采集部门负责。然后确定交换单位。交换单位的选择直接关系到交换效果和质量。可利用国内出版的中文期刊目录索引，查阅了解期刊的出版情况、出版单位等；同时，还要加强各系统之间的横向联系，以确定与本单位专业对口的适当的交换对象并与之建立交换关系。国内期刊交换工作，一般是双方填写"期刊交换卡"或签订交换合同书。

建立交换关系后，要打印交换单位投递标签并向对方邮寄交换出版物，收到对方交换期刊后，应及时验收登记，通常在第一次收到交换期刊时应及时回函，以示感谢。

（2）国际交换

国际交换是与国外各图书情报机构之间进行交换。可依据联合国教科文组织出版的《图书馆通报》所提供的世界上40多个国家的国际交换中心图书馆的地址及关于书刊交换的情况等，一般先通信联系，然后选择交换对象，再根据一定的原则，确定交换的内容和条件。

（3）接受赠送

接受赠送是订购和交换以外的另一种期刊采集方式，也分国内赠送和国际赠送两种。索取国内外赠送的期刊，一般可采取发函、去信等方式联系索取，也可直接到出版部门走访索取。凡是既不收订也不要求交换的非卖品期刊，以及缺期而又为对方多余的复本期刊，均可通过接受赠送免费获得。

不论以何种交换形式或途径，都应注意保密规定。

（六）期刊采集的规律与特点

1. 期刊采集的连续性

期刊最本质的特征就是具有统一的题名、按年月卷期顺序编号并长期连续印刷发行下去。

（1）期刊的出版连续性要求采集的连续性

期刊的显著特征，就是出版的连续性。期刊可以无限期地出版下去，例如，《伦敦皇家学会哲学汇刊》，创刊于1665年，至今已有300多年的历史，是世界上创刊历史最悠久的期刊。期刊的出版连续性要求采集的连续性，这就是说，期刊收集有其特殊性，期刊采集工作要遵循期刊出版的规律与特点。馆藏的重要期刊切忌时订时停，要长期、持续、稳定地订下去，保持其系统完整，不能随意中断，否则，会造成期刊的残缺不全，严重影响期刊的利用。

（2）防漏、补缺与催缺

期刊的催补与期刊的采集工作密切相关。可以说，期刊的催缺工作是采集工作的延续。催缺是指采集的期刊未按时到馆，须采用通信的方法加以催促以索取补齐缺漏期刊。

期刊缺卷、缺期主要是因为邮寄时产生地址、收件人错误而误投丢失，以及出版社未能准时出刊、暂停出刊、合刊或出版社分发时的误差等原因造成。做好期刊的零星或整卷补缺是期刊采购中的一个重要环节，一般是在登录时发现缺期而进行催缺，但也要定期检查登录卡，发现缺期便及时进行催缺。

补缺的途径除及时去函催缺外，也可通过兄弟图书馆间交换或调拨的方式逐步补齐或复制补齐。

2. 期刊采集的系统性

期刊采集总的要求是期刊的连续性、系统性、完整性。要使藏刊具有系统性，就要坚持收集的连续性和完整性。系统性是指某个学科或专业的期刊收集要比较齐全完整，相关专业的期刊也要选得比较准确，以体现本馆藏书体系特色。为了确保期刊收集的系统性，必须注重以下五点：

第一，订刊时先要进行全面审定，凡是本单位重点期刊，一经确定收藏，就要逐期收集到底，力求系统完整，不轻易停订。

第二，已订的期刊，遇有缺期，则须采取复印、交换、征集等办法及时补配齐全。征集可采用主动发函或上门访求的方法，有针对性地对非正式出版单位出版的内部期刊资料进行征集。

第三，掌握期刊出版动态。期刊是连续出版，无限期发行，因此在期刊的出版发行过程中，刊期、出版者、发行方式等经常变动，创刊、停刊、合刊、分刊、改名等情况经常发生，所以应随时关注和了解这些变化，着重注意改刊、新创刊的期刊，力争及时订购，杜绝漏订或错订。

第四，选择相关专业的期刊，力求准确，要挑选该学科最重要的并与本馆藏书特色密切相关的期刊，以完整地体现本馆藏书体系。

第五，掌握本馆期刊采集比例，注意重点与一般的关系，使其相互联系，形成特色。

3.时效性

"时效"又称文献"寿命"或"半衰期"，是指现时正在使用的文献中的一半的出版时间。例如，化学文献的"半衰期"为 8.1 年，就是指现在仍被利用的化学文献中的一半其出版年限不超过 8.1 年。这也就是指该学科期刊的有效使用年限。据推算，植物学期刊的时效为 10 年，农业为 15 年，生化为 4.5 年……由于科学技术更新速度的加快，带来了知识老化、失效，进而导致文献的有效使用时间大大缩短。期刊更是如此，它是一种时间概念很强的出版物，期刊出版后经历一定的年代，其中有些知识便会陈旧，所含信息也会失效。因此，读者一般集中于利用现期与近期的期刊，早年出版的期刊利用率则显著降低。所以在过刊补缺时要考虑到期刊的时效性，不宜把有限的经费用来采集一些已失时效的过刊。

（七）期刊采集的验收登录工作

期刊登录与期刊的采集密切相关，期刊登录工作相当于图书订购中的验收工作。

1.期刊验收工作

从邮局订购的期刊，通常是通过邮局一期一期地送到订购单位。一般没有包装，每种期刊都夹有一张投递签收卡片。而向发行单位直接订购或交换、赠送来的期刊，都用封套或牛皮纸包装寄来。验收时，首先必须核对邮包上的投递地址、收件单位是否与实际相符，是则开封，不是则应退回邮局。然后检查刊名、期号、份数与投递卡记载是否相符，有无倒装、空页、缺页、破损等现象，查核无误，方可在投递卡相应期号下签收并送还邮局；否则，退回邮局进行调换。对于卷装包装寄来的期刊，拆封时要小心谨慎，防止损坏期刊，并检查拆封后的期刊是否夹带收据、通知、回执、勘误表等，有则取出，分别处理。收据、发票、清单经核对无误后交财务部门及时报账；附函、征订通知等留给采集部门；勘误表、单页的年度（卷）的总目录索引等归入相应的期刊。邮封上的地址宜留下一份，以备催缺联系或更改地址时查考之用。验收合格，应加盖收藏章。同时做好期刊的登到验收记录，以便统计刊藏量。若出现该到而未到的情况，应及时去函联系索要期刊，以保证期刊收集的完整无缺。

2. 期刊登记工作

期刊登录即现刊登记，又称期刊记到或划到。经验收以后的期刊，要进行登记。期刊登记又分现刊登记和过刊登记。因期刊是连续出版物，而且是陆续分期到馆，所以须先做到馆后的现刊登记，在一卷或几卷到齐后，装订成册，再做财产登记，即过刊登记。

（1）现刊登记

现刊登记一般采用期刊登到卡片的形式进行，每种期刊一张登到卡片，通常每张卡片可用四年至五年。记到卡一般按汉语拼音字顺排列，也有的图书馆按类排列或按"邮发代号"排列。

卡片规格一般为 125mm × 75mm。每当收到期刊时，在登到卡片相应的栏目里打上"√"，表示该刊已收到。

（2）过刊登记

过刊登记可分总括登记和个别登记，登记方法与图书登记的方法大体相似，但格式可适当简化。

三、非纸质文献的采集

非纸质文献，又称"非印刷型资料"，即指不按传统的印刷方式而通过现代技术手段，将知识信息记录和贮存在纸张以外的物质载体上的所有文献。主要包括视听文献（录音带、录像带、电影片等）、缩微文献、电子出版物（磁带、磁盘、CD–ROM 只读光盘、视盘）、网络文献等。

图书馆对非纸质文献的采集方法，可分为购买、租借、交换、复制、自己摄制。

（一）购买方式

通过正规渠道购买是采集非纸质文献的主要途径。购买又分为选购和邮购。

1. 选购

选购指图书馆采集人员到各种书店的非纸质文献或电子出版物专柜或非纸质

文献出版物商店直接选购，如录音磁带、唱片、激光唱盘、视盘等。选购这种方式能够对出版物的质量、内容进行鉴别，因此它是我们对非纸质文献采购的一种重要方式。

2. 邮购

有些非纸质文献的出版发行不通过书店、邮局或其他中间商，而是自办发行。这些文献除直接到出版发行单位进行选购外，大部分是通过邮购预订方式获得。如中国医学科学院医学情报研究所出版的"中国生物医学文献数据库"，中国科技信息研究所重庆分所出版的"中文科技期刊数据库"的只读光盘，以及各种计算机学习软件等。

（二）租借方式

有些非纸质文献很特殊，出版商是不出卖的，只是采取租借形式。对于文献的租借可以是长期的，也可以是短期的，用户只须向出版商付出一定的租借费即可。

（三）复制方式

复制涉及知识产权问题，因此在复制时一定要得到对方产权单位的明确许可。复制的目的不是为了也盈利，而是为了满足读者需要和补充馆藏，更好地保证馆藏的系统性与完整性。图书馆为解决纸质文献占用贮存空间过大的问题，常常把一些利用率不高的文献进行缩微或计算机扫描复制，以解决图书馆库存空间不够的矛盾。此种情况不涉及知识产权的问题。对某些学术报告录音、录像的复制，以及对教科书、习题集、期刊等出版物进行全文计算机录入并制成学习软件，就涉及知识产权的问题。复制是图书馆非纸质文献的一个重要来源。

（四）自己摄制方式

自己摄制指图书馆或学校教学科研部门有目的地摄制的一些教学科研录像片。这些录像教学片也是图书馆非纸质文献的一个重要组成部分。如为教育读者如何利用图书馆编制的图书馆知识教学片，学校各教研室、附属医院等摄制的示范教学片、外科手术片等。

第三章　图书馆文献信息资源标引与编目管理

第一节　图书馆文献信息资源的标引

一、文献标引概述

文献标引就是依据一定的文献标引规则，根据文献的学科内容和文献的其他特征，对文献进行主题描述，赋予文献特定检索标识的过程。文献标引工作是建立文献检索工具和检索系统的基础和前提，对文献检索和利用具有重要的意义。

（一）文献标引的程序

文献标引工作一般包括下列基本步骤：查重—主题分析—查表选词—确定标识—复核。

1. 查重

所谓查重，是指查核所处理的文献是否为已进行过标引的复本，以便区别情况分别处理。科技文献部门的文献资料一般很少重复，因此这一程序一般可予省略。但如处理的对象为图书，则必须严格遵守这一步骤。查重通常依据文献单位的公务书名目录进行。对于机编 MARC 记录来说则可以通过题名、ISBN 号、责任者、分类号、主题词等多种途径进行查重。

2. 主题分析

要标引文献的主题内容，必须对文献的内容特征进行分析，确定需要揭示的主题概念。主题分析通常应采用概念分析的方法，在弄清文献论述的主题对象的同时，对文献主题类型及其构成成分进行分析，对具有标引价值的主题概念进行概括、提炼和选择。

对文献的主题分析，通常应依据文献篇名、前言、目次、文摘、内容简介、参考文献、编辑出版数据等，必要时可浏览全文，切忌只凭文献名称进行主题分析。

3. 主题概念转换

主题分析得到的主题概念是以自然语言的方式加以表达的，必须以特定的分类表和主题词表为工具，将析出的主题概念进行转换。在使用等级列举式分类表进行概念转换时，一般应依据文献内容对象讨论的学科角度，采用层层分析的方法，将其归入分类体系中的相应的类目。一般应在对类目结构及关系有充分了解的基础上进行。

以叙词表为工具查表选词、进行概念转换时，对复杂主题概念一般需要使用两个或多个主题词进行组配标引，标引精度高，转换过程复杂，要求遵守一定的程序和方法。一般应在了解词表各个组成部分和功能特点基础上，依据查词途径和相应的规则进行转换。

由于目前我国使用最广的分类法是《中国图书馆分类法》（简称《中图法》），使用最为普遍的主题词表是《汉语主题词表》（简称《汉表》），为便于对标引方法进行说明，本书对分类标引和主题标引的介绍，一般将依据《中图法》和《汉表》进行。

4. 确定标识

分类标引在按照文献内容归类以后，通常根据确定的类目给予相应的分类号。按照文献主要内容确定的号码，称为主要分类号，主要分类号同时用以组织文献排架和编制分类检索工具；按照文献的次要内容和析出内容确定的号码，称为附加分类号和分析分类号，附加分类号和分析分类号只用于编制检索工具。在号码配置过程中，如需要进行复分、仿分，还应注意按照号码组合的要求配号。

主题标引由于采用的是叙词表，在将主题概念转换成相应主题词的情况下，一般应进一步根据文献主题情况和检索系统特点对标引词进行处理，包括对标引词分组、确定主题标识。

多主题文献一般应将不同主题的标引词分成若干组。如"大豆播种和小麦育苗"这一并列主题，经过概念转换后，可分"大豆""播种"和"小麦""育苗"两组，以避免出现"小麦——播种""大豆——育苗"这样的错误组配形式。

对主题词分组的同时，建立手工检索工具的单位，还应根据手工检索的需要拟定标题。一般应选择具有独立意义的主题词，根据其他词与主标题的关系确定标识词序。建立机械检索系统的单位，则可以根据一定的机读格式的要求，将主题数据输入计算机。

5. 审核

在结束文献标引前，必须对每种文献的标引结果进行审核。包括：①文献主题概念的提炼是否正确，是否符合分类标引和主题标引各自的要求，是否符合相应标引方式的需要；②主题概念转换中，文献归入的类目是否与文献内容相对应，号码的配置是否准确，主题词是否确切表达了文献主题概念；③主题标识的转换是否符合主题标引规则和组配规则；④主题标识的拟定是否符合检索工具的要求等。通过审核，减少标引误差，保证文献标引质量。

在文献审核的基础上，分类标引一般还应根据文献组织的需要，对同类书的排列进行处理，在同类书中进一步确定书次号。为保证审核质量，审核工作通常应由经验和较高标引水平的标引人员担任。

（二）文献标引的质量控制

文献标引是建立检索工具的关键环节，直接影响到检索效果，对文献检索和利用十分重要。衡量标引工作的质量涉及多种因素，其中包括以下内容：

1. 准确性要求

准确性即指对文献主题内容的揭示要准确，对文献主题概念的转换要准确，要求标引的文献内容和检索标识相符合。准确性包括以下两方面：

首先，在主题分析过程中对主题内容的分析和提炼要准确，提炼出来的主题概念应与文献中的主题概念相符。

其次，对分析出来的文献主题概念转换准确，应使用确切的标识对主题内容进行揭示。不允许检索标识与主题内容完全不相符或不相关，否则就是标引不准确。

2. 网罗性要求

网罗性亦指"标引深度"，是指一篇文献所论述的各个主题概念被确认并转换为检索标识的完备程度。标引的网罗度也称适度性和穷举度，具体表现为标引的数量多少。在后组式检索工具中，通常指一篇文献被赋予检索标识的数量；在先组式检索工具中，则是指一文献占有的平均分类款目或主题款目数量。标引深度是根据对文献主题内容揭示的广度衡量标引质量的一个因素。较高的标引深度有助于提高检全率，但会影响检准率。因为提高标引深度后，必然会涉及文献未做重点论述的次要主题，从这些主题角度检出的文献包含该主题的信息量较少，从而影响检准率；反之，降低标引深度，可以提高检准率，但必须会影响检全率。因此，关键是应当采用适当的标引深度。不同检索系统应当根据其设备条件、系统的种类、文献类型、服务需要等，规定相宜的标引深度。机械检索系统容量大，组配灵活，宜采用深标引；手工检索工具受检索手段的限制，宜采用浅标引。分类检索系统大多采用先组方式，对主题揭示的数量一般应有一定的限制；主题标引适宜使用后组方式，往往可以根据检索需要采用较高的标引深度。专业文献单位通常对专业文献进行详尽的标引；综合性文献单位则常在对一般文献概括标引的同时，有针对性地对某些学科或文献类型适当进行深度标引。

标引网罗度和标引专指度是相互联系，但有所区别的。标引网罗度和专指度的综合反映就是标引深度。标引深度不足或过大都会对检索效率产生副作用。不同的标引单位或检索系统应该根据其设备条件、文献类型、用户需求、标引语言等因素规定合适的标引深度。如机检系统宜采用深标引，手检系统宜采用浅标引；专业单位对专业文献宜深标引，对非专业文献宜浅标引。标引具体到一篇文献时，还应根据其文献价值决定适中的标引深度。

3. 专指性要求

专指性亦称"专指度"，是指主题标识与文献主题概念的相符程度，是根据对主题概念揭示的精度衡量标引质量的一个因素。较高的专指度，有助于提高检准率，可以满足用户对特定文献的查找。相反，如果降低专指度，使用概括的标识对文献进行标引，用户就必须在概括类目或主题范围内进行查找，必然要花费更多的查找时间。当然，过分专指也会增加标引的难度，造成文献分散，影响检全率。因此，检索系统一般应保持适当的专指度。在进行受控标引的情况下，这一专指度通常是通过类表或词表及标引方法加以控制的。一般情况下，应在主题分析的基础上，使用类表及词表中最确切的类目或主题词进行标引，以确保系统要求的专指度。

4. 适用性要求

所谓适用性，是指标引应适合检索系统的特点和用户需求。不同文献单位对标引内容的取舍可以是不同的，专业文献单位一般要求对与专业相关的内容进行充分的揭示，并且按照专业需要的方式加以组织。不同的揭示途径、不同设备条件对标引的要求也是不同的，一般情况下，分类标引适合于对文献采用整体性标引，必要时才以分析标引的方法对文献涉及的主题内容进行比较充分的揭示；手工检索系统通常必须对标引深度进行适度的限制；机械检索系统则应根据系统特点进行充分揭示，必要时还可以采用职能符号、加权等手段，以达到较好的检索效果。

（三）文献标引规范控制与管理

为了保证文献标引的质量，文献单位一般必须对文献标引进行有效的控制和管理，包括确定标引规范和标引方式，严格遵守标引工作程序，选择适用的标引人员等。

1. 标引工具的选择

标引工具的选择有两个来源：①从现在已经出版标引工具中选取；②根据文献单位的特点和使用需要，自己编制。

（1）分类标引工具

分类标引工具的选择是整个文献单位工作的基础。文献分类表的使用涉及文献的组织和检索工具的建立，比较慎重；同时，编制新的分类体系对编制者的专业素质素养要求也比较高，有一定难度，一般可考虑从已有分类体系中选择适用的分类表；主题词表则由于使用灵活、动态性强，可以根据文献单位的情况确定是选择适用的词表，还是采用自己编制的方法。

从已有的分类体系中选择一种适用的分类表，是文献单位采用的一种比较通行的做法。我国目前使用较广的综合性文献分类法主要有《中图法》和《中国科学院图书馆图书分类法》（简称《科图法》）两种。

（2）主题标引工具

主题标引工具的确定，也可以采用从已有词表中选择的方法。目前国内已编制的叙词表数量已超过 100 种，其中多数为专业词表，也有相当数量的多学科词表。在众多已有的词表中，影响最大、使用最广的是大型综合性叙词表——《汉语主题词表》，以及在《汉表》叙词与《中图法》类目对应的基础上编制的《中国分类主题词表》。确定主题标引工具的另一种方法是根据文献标引的需要编制新表。一般可参考我国叙词表编制的有关标准，对叙词的选择做出规定；同时，可以将《汉表》及相应领域的词表或其他权威词典等作为可靠的词汇来源，根据标引需要对词汇进行选择和处理，建立起基本的词汇集合，作为标引依据，并以此为基础，在主题标引的过程中不断对词汇进行调整和增补，逐步建立起适合本单位文献集合的词汇表。这种方法一般适合于专业文献单位使用，但要求编者熟悉相应的专业，对叙词表的编制知识有充分的了解。

2. 标引规则的制定

标引规则是保证文献标引一致性、适用性的重要条件。

（1）应确定标引工具使用的规范

文献单位选择的标引工具通常是根据文献单位的一般情况编制的。与特定文献单位的标引需要相比，其组织方式、类目或词汇的专指度等，不一定适合实际需要，因此应根据检索系统的使用要求适当调整，明确规定有关类目及叙词的具体使用方法，必要时可对系统中的各个相关部分予以修改，做好相应的记录，作为标引时实际使用的依据。在此基础上，逐步将其发展为适合特定文献集合的标引工具。

（2）制定相应的标引规则

在选定标引工具和明确标引范围后，还应根据文献单位文献标引的特点，明确制定相应的标引规则。包括各种文献类型的标引规则和各种学科或主题类型的标引规则，使标引有章可循。

（3）制定特殊要求的标引规则

专业文献单位的文献标引，有时往往还有其特殊要求，应根据专业检索系统的需要，加以明确规定，使标引结果符合检索系统的特点和用户的检索需要。

3. 标引人员必备的素养

文献标引工作是一项专业性强、技术性强的智力劳动，有相当的工作难度。要做好标引工作，选择合格的标引员十分关键。一个合格的标引员必须具备下述基本知识和素养：

第一，熟练的业务技能。一个合格的文献标引员，一般应熟悉所用的标引工具，充分了解分类表、主题词表的编制原理、结构组成，熟练掌握标引规则和类表、词表使用方法，能按照检索系统的要求，有效从事各项标引操作，并能在使用过程中根据情况对类表和词表及时调整和维护。此外，还应重视对情报学、图书馆学、文献检索及分类法主题法基本知识的积累，不断丰富自己的业务知识，提高标引能力。

第二，合理的专业知识结构。文献是科学知识的记录和总结，尤其是科技文献，像学科专著、学术论文、专利文献、科研报告等文献，都是很专深的学术论著，没有一定的学科专业知识很难把握文献内容、文献主题、学科地位和学科作用等。因此，标引人员应具有所标引文献专业的一定学科专业知识，了解这些领域主题结构、层次以及基本关系类型。同时，知识面要宽，对与标引有关的各个知识领域的研究对象、学科分支、发展动态以及新学科、新技术、新方法等也应当有所了解，能自如地处理各种内容的文献。

第三，充分地掌握检索系统。标引人员应该充分了解、掌握检索系统特点和用户需求。善于通过各种方式如用户反馈、调查等形式，了解用户检索特点和查找习惯，不断根据对检索系统使用效果的分析改进标引质量，加强标引和针对性和适用性。

第四，较高的文化水平。标引人员要具备较高程度的文化水平和语文能力。文献标引是由标引人员对文献内容用简练和精确的语言进行高度的概括，用准确的检索语言加以记录，这个过程中既包含较高的学科专业能力，又包含较高的多种文化知识水平和语言能力的综合运用。没有较高的文化水平就很难阅读文献、把握重点、去粗取精，就很难对文献进行主题分析。没有较高的语文能力就很难读懂文献，除掌握汉语外，一般还应掌握一到两门外语，从事某些特定领域文献标引的标引人员，有时应掌握一定的少数民族语言，对外文和少数民族文字的文献具有一定的阅读处理能力。

4. 标引工作的质量管理

文献标引工作的质量管理通常包括以下内容：

一是做好标引工作的组织。尽可能实行专业分工，目的是使标引人员工作范围相对稳定，职责分明，便于熟悉标引业务，了解标引规律，提高标引质量。特别是对论文、科技报告等的标引，由于涉及的内容往往比较专深，专业分工有利于使标引的结果保持在一定的水准。

二是加强标引过程管理。严格遵守标引工作程序，每一工作环节均按照标引要求进行，并指定有经验的标引人员把关校验、解答问题，以便减少不必要的标引误差。

三是进行质量分析和管理。除及时解决标引中出现的各种具体问题外，还应注意发现和研究影响标引质量的带有普遍性的问题，有针对性地予以解决。例如，可以针对某一文献类型的网罗性、一致性等进行检测，分析标引的规律和问题，提高标引质量。

四是做好标引工具的管理。特别是叙词表，作为一部动态词表，必须根据文献标引和检索的需要，及时充实调整，做好词表的增补，使其适合标引和检索的实际；分类法也应在使用过程中注意根据文献标引的需要，及时掌握分类法编委会公布的分类表增补信息，解决好对新出现知识门类的标引处理。在标引工具的管理中，应注意参考词表、分类表的有关数据，包括标引频率、检索频率以及用户使用的自然语言词汇等，提高对标引工具的管理水平。同时，也应在使用过程中不断调整、完善标引规则。

二、图书馆文献分类标引

（一）文献分类标引内涵与作用

1. 文献分类标引的内涵

文献分类标引就是以文献分类法为类分文献的工具，根据文献资源所反映的学科知识内容、形式体裁、立场观点和读者用途等因素，确定在编文献的分类标识号码的标识过程。根据文献分类标识号码，分门别类地、系统地将各类文献有机组织一起一种方法。

　　文献分类标引包含分类和归类两方面的含义。所谓分类，就是将大量的文献资源，根据它们的内容性质、形式体裁、立场观点和读者用途上的异同，按一定的体系加以区分。这样就可以把相同的文献集中在一起，相近的文献联结在一起，不同的文献则区别开来，整理成为有条有理的系统。所谓归类，就是将每一种文献归到与它内容性质、形式体裁、立场观点和读者用途相同或相近的一组文献中去。这样，就可以把相同的文献资源归在一处，并可以区别与它不同的其他文献资源。

　　文献资源的分类标引工作，是一项十分细致而带有一定学术性质的工作。其工作程序为查重、分析文献内容、归类、确定标识号、校对分类目录、编索书号等几个步骤。

　　2. 文献分类标引的主要作用

　　文献分类的主要目的有两个：①按学科知识的系统性组织文献；②按学科知识的系统性揭示文献。图书分类的目的具体表现在组织分类排架、编制分类目录、文献分类统计三个方面，这三个方面也就是文献分类的主要作用。

　　第一，组织分类排架。我们知道，文献资源机构收集的文献资源少则几万、几十万册，多则几百万、几千万册。任何一个文献资源机构对收集的文献资源资料必然要按一定的方法加以组织，使每一种文献都要有一个明确的排列位置。文献资源资料的排列方法有多种，可以是分类排架，也可以是固定排架。各种排列方法都各有利弊，但比较起来，以学科知识门类系统来排列文献资源，即文献分类排架，其效果比较理想。因为这种方法对图书馆管理和读者检索来说均很方便。采用分类排架，能将同一知识门类的文献集中在一起，主题相近的也在书架上相邻，便于读者选择自己最需要的资料，也便于馆员推荐相近学科的文献资料，开阔读者的视野。

　　第二，编制分类目录。文献分类标引按学科知识的系统性揭示文献资源，这主要表现在编制分类目录上。分类目录是我国图书馆、文献情报部门的文献目录体系中使用频率比较高的一种目录。分类目录是按照文献分类法的类目体系组织起来的，由于类目体系一方面体现着每一门学科的系统性，另一方面在一定程度上揭示了各门学科之间的相互联系与相互交叉、相互渗透的关系，因此，这种类目体系反映在分类目录上，就便于人们从学科知识系统，按类检索查找文献资料，达到鸟瞰全貌、触类旁通的效果。而要编制分类目录，前提也必然是首先要对文献资料进行分类，文献资料不经过分类，就无法编制分类目录。

第三，文献分类统计。文献统计工作是文献情报部门的一项重要工作，是工作计划、管理评价和总结工作的基础。文献统计工作不仅要求从数量上，而且也要求从文献内容、类别、类型等来说明文献的入藏情况和流通情况。文献经过分类就能反映各类文献类别的具体情况，因此可有效地进行分类统计。

（二）文献分类标引的方法

1. 选择文献分类标引工具

（1）文献分类法的选用

文献分类工作是图书情报部门的一项基础性工作，无疑应该选择一种国内通用的、编制质量较高的、有生命力的并适用于本单位检索系统的文献分类法作为分类标引的工具。

（2）文献分类法使用本的使用程度确定

所谓分类法的使用本，是指图书情报机构根据其文献收藏情况及用户需要，对选用的文献分类法做适当调整、补充、说明后确定下来作为分类标引依据的分类法文本。

确定文献分类法的使用程度是取用文献分类法的前提。因为，图书情报机构选定所使用的分类法后，一般不能直接将其用于文献分类标引。每个图书情报机构的性质、任务、藏书重点、藏书规模、读者对象等不尽相同，具体图书情报机构对分类法使用的要求也不尽一致。因此，有必要在本单位的分类细则的基础上，根据本单位的文献特点和用户需求，制定出适合本单位性质、任务、馆藏规模以及读者需要的使用本。

（3）文献分类法使用本的方法确定

确定文献分类法使用本应该达到两个要求：①实用，适应本馆当前的实际需要与今后发展的需要；②与选用的文献分类法的类目体系、标记制度相一致。

2. 号码配置

号码配置是分类标引的基本技能。在使用《中图法》作为标引工具的情况下，分类标引中的号码配置大致有两种情况：一种是可以通过主表直接获得表达一文献的完整分类号码；另一种是须结合不同成分的号码进行组配标引。

可以通过主表直接获得完整号码的取号方法比较简单，一般只要根据文献的内容和其他特点，采用层层划分的方法，准确确定其在分类体系中的确切位置，就可得到相应的分类号码。需要组配手段的号码配置要将类表中代表不同成分的号码加以组合，共包括三类：

①使用复分表复分。即在使用主表类目分类的同时，结合复分表的类目区分。②仿分。即利用同类性质的子目进一步细分，在须含仿分的类号之后加上被仿分号码中进一步区分部分即可。③使用组配复分号进行类间组配。即按照分类法的要求，使用特定的辅助符号，将一个主类号与其他与文献内容相关的主类号组合，表达文献内容。

3. 类目的多角度辨析

文献分类的基本要求是将文献主题归入分类体系中相应的类目，所以必须掌握类目辨析的方法，了解类目的含义和范围，从多个角度进行辨析。包括：①根据上、下位类关系了解类目的含义；②根据同位类之间的关系了解类目的含义；③按照类目体系展开的规律了解类目的含义；④根据类目注释了解相关类目的含义和范围；⑤将《中国分类主题词表》作为类目辨析的辅助工具。

4. 分类法对藏书体系产生的影响

（1）分类法改用的影响

分类法的使用一经确定，就轻易不再变动。但有时由于原有的分类体系过分陈旧，或不适合文献单位实际需要等原因，仍然存在着更换分类法的问题。妥善处理原来已分类的文献，这种情况下通常有以下几种做法：

一是对原藏书体系和分类目录重新分类。这种方法比较彻底，可以以新的分类体系一文献组织和分类检索工具，便于开架和分类体系的使用。这一方法的缺点是，涉及文献单位原有的全部文献和所有目录，工作量大，不适合大型文献单位采用。

二是只改分类目录，不改藏书组织。这种方法在改编分类目录时，只需要在原有的分类款目上加上新分类号，就可以以新的分类体系组织分类目录，大大减少改编的工作量。这一方法的缺点是，藏书组织仍然存在两个体系，同类文献、同一种书的不同版本、卷次不能集中，会给使用者带来不便。

三是原藏书组织和分类目录不动，对新入藏文献另行分类排架和编制分类目录。采用这种方法，分编工作比较简单、省时、省力。这一方法的缺点是，同类文献在藏书体系和分类目录中被分散在两处，影响实际使用效果，给用户借阅和各项文献工作的开展带来不便。

（2）分类法修订的影响

文献分类法一般力求稳定，以便适应文献工作的使用特点，减少因分类体系变动可能带来的困难。但是科学技术是不断发展的，文献分类体系不可避免地要根据学科发展加以调整和修订。在此情况下，文献单位就存在着分类体系修订后，原有藏书体系随之发生改动的问题。分类法修订后藏书体系的变动要注意以下问题：

第一，弄清分类体系修订的内容，了解修订情况。文献分类体系的修订一般包括：增补新类、对类目扩充加细、对部分类目体系进行调整、局部变动和调整交替类目、修改注释等多种类型，各种变动对藏书体系的影响是不同的，应根据情况进行分析。

第二，确定改动方式。①彻底改动。即将本单位确定变动的全部类目，包括文献组织和整个目录系统中有关的分类号，逐类改编。②只改目录，不改文献。即根据改编类目对照表，将已编分类目录按新版变动逐一转换，在原分类款目上记录上目录分类号，用以分类目录排检使用。③将只改分类目录与彻底改编结合起来。对修订的类目进行分析，根据类目变动情况，对只改编分类目录的类目和彻底改编的类目加以确定。

（三）单主题、双主题与多主题文献标引规则

根据文献内容所论述对象的多少，可分为单主题文献、双主题文献和多主题文献。由于主题多少的不同，各主题之间的关系不同，因此它们的分类标引规则也不相同。

1. 单主题

（1）单主题文献及其内容

所谓单主题是指文献的内容只论述一件事物或一个问题。单主题的文献又以组成其概念因素的多寡划分为单元主题和复合主题。

①单元主题。单元主题是由一个概念因素组成，这个概念因素就是文献主题的主体因素。标引时一般依主体因素的学科属性标引，若是从一个方面对文献主题进行研究的，就依这个方面所属学科标引；若是从多个方面文献主题进行研究的，则要分析作者的意图。

②复合主题。复合主题是由两个以上概念因素组成。概念之间是限定和被限定的关系。一个复合主题中不一定具备各种类型因素，各种概念因素也不一定只有一个。对复合主题文献标引时，首先要分析组成该主题概念因素的类型，分清哪些是主体因素、通用因素、位置因素；哪些是民族因素、时间因素、类型因素，然后依据分类法初判主体因素所属的学科范围，再判各类型因素在不同方面中所属的类，最后将各类的类号组配起来，就是该复合主题的分类号码标识。

（2）单主题文献的分类标引规则

①文献中只论述一件事物或一个问题，依该事物或该问题所属的学科标引。

②从一个方面论述一件事物或一个问题，依该方面所属的学科标引。

③从两个或两个以上方面论述一件事物、一个问题，若这些方面在分类表中处于同一类列，则依其上位类标引；若这些方面不属于同一学科，则依文献中所要说明的主要方面所属学科标引。

④文献从多个方面综合论述一件事物或一个问题，目的在于利用多方面的知识来说明某一个特定方面，则依该特定方面所属的学科标引。

2. 双主题

文献的内容论述两件事物或两个问题的，称为双主题文献。双主题文献分类标引时，首先应分清两个主题之间的主次和逻辑关系，并结合读者的检索需要、文献著者的主要意图以及分类法的体系结构，给出准确恰当的分类标识。根据两个主题之间的逻辑关系，双主题文献又分为以下六种：

（1）并列关系双主题文献

所谓并列关系是指在同一属概念之下同一层次的几个种概念之间的关系。在文献分类标引中，一种文献论述两个主题且不相隶属，并列存在。

（2）从属关系双主题文献

从属关系的主题是指文献论述的两个主题之间具有包含关系、从属关系或整体与部分的关系。即文献中的两个主题，其中一个主题是另一个主题的一部分，就是一个大的主题包含一个小的主题。分类标引时，有重点主题，则依重点主题标引；无重点主题时，一般依较大主题标引，必要时可为较小主题做分析分类标引。

（3）因果关系双主题文献

因果关系的主题，是指文献的两个主题，其中一个主题是原因，另一个主题是结果。分类标引时，一般依结果主题标引；如果一个原因产生多个结果，按原因主题标引。

（4）影响关系双主题文献

影响关系的主题，是指文献中论述的两个主题，一个主题发生影响，另一个主题接受影响。也就是说一个主题对另一个主题产生影响。分类标引时，依接受影响主题标引。

（5）比较关系双主题文献

比较关系的主题，是指文献中论述的两个主题，是相互比较的关系，著者的意旨在于比较二者之间的优劣或异同。分类标引时，一般应依著者所重点阐述或赞同的主题标引，必要时可为另一个主题做互见分类标引。

（6）应用关系双主题文献

应用关系的主题，是指文献中论述的两个主题，其中一个主题应用到另一个主题。分类标引时，依应用到的主题标引，必要时可依被应用主题这互见分类标引。

3. 多主题

一文献的内容论述两件以上事物或两个以上问题的，称为多主题文献。分类标引时，多主题文献同双主题文献一样，应将各主题间的逻辑关系、本馆读者的检索需要、文献著者的主要意图以及分类法的体系结构等各方面因素综合分析，再确定其标引方法。

（1）并列关系

并列关系的多主题文献，一般依其上位类或概括性类目标引，若各主题分属不同学科，不能包括在一个上位类里，则依主要主题标引。

（2）因果关系

因果关系的多主题文献，多个主题是原因，一个主题是结果，依结果主题标引；其中一个主题是原因，多个主题是结果，依原因主题标引。

（3）影响关系

影响关系的多主题文献，多个主题发生影响，一个主题接受影响，则依接受影响主题标引；其中一个主题发生影响，多个主题接受影响，依发生影响主题标。

（4）应用关系

应用关系的多主题文献，如著者的目的重在论述应用到的主题，则依应用到的主题标引；其中一个主题应用到多个主题，一般依被应用主题标引。

（四）各类型文献分类标引规则

各类型文献包括字典、辞典、百科全书、类书、书目、索引、文摘、文集、技术标准、专利文献、丛书、声像资料和缩微资料等。

1.字典、辞典、百科全书、类书

字典、辞典、百科全书、类书的分类标引方法有两种：分散分类标引和集中分类标引。

（1）分散分类标引

即按内容归入有关的知识门类，同时可以采用相应的总论复分号加以揭示，具体标引方法如下：

①语言字典、辞典：一是一种语言的字典、辞典入该种语言"字典、辞典"类；二是汉语与中国少数民族语言对照的辞典，入有关少数民族语言；三是汉语与外语对照的辞典，入有关外语；四是两种外语对照的辞典，入前一种外语。

②专科、专题性辞典、百科全书、类书：无论是一种语言还是多种语言，均依其内容性质入有关各类，再依"总论复分表"中有关号码复分。

③综合性辞典、百科全书、类书：一律入"综合性图书"类中的有关类目。

（2）集中分类标引

即将其集中于"综合性图书"类的相应专科类目下，再使用组配方式对其学科内容加以揭示。

2. 书目、索引、文摘

（1）书目

书目，即图书目录，它是按照一定次序编排组织而成的一种揭示与报道图书信息的工具。根据其内容性质不同，书目可分为综合性书目和专科、专题性书目。书目的分类标引有分散分类标引和集中分类标引两种。

①分散分类标引即综合性书目入"综合性图书"类，专科、专题性书目入有关各类，然后再依"总论复分表"复分。

②集中分类标引即综合性书目与专科性书目均在"综合性图书"类集中，专科、专题性书目将本学科分类号置于类号之后，用组配号"："联结。

（2）索引、文摘

索引，又叫"引得""通检"，是查找图书、期刊或其他文献中的语词、概念、篇目或其他事项的检索工具。通常由一系列按字顺或其他逻辑次序排列的款目组成。文摘，是以简明扼要的文字描述文献的主要内容，目的在于向读者报道最新的科学论著。根据其内容性质不同，索引和文摘都分为综合性与专科、专题性两种。它们的分类标引方法同书目一样，有分散分类标引和集中分类标引两种方法。

3. 文集

文集是指包括许多篇文章的图书，如全集、选集、论文集等。文集按其内容性质不同，分为综合性文集和专科、专题性文集。文集的分类标引方法为：综合性文集入"综合性图书"类，专科性文集入有关各类，再依"总论复分表"复分。

4. 技术标准和专利文献

（1）技术标准

技术标准是各国政府、部门或某学术、商业团体对工农业产品和工程建设的质量、规范和检验方法，以及对技术文献上常用的图形、符号所做的技术规定。它是作为从事具体工程、生产、建设的一种共同依据。对于技术标准的分类标引，《中图法》在"工业技术"大类中设有"T-65 工业规程、标准"专类。但这个类目主要收综合性技术标准汇编，专门性技术标准按学科入有关各类，并加总论复分号"-65"。

（2）专利文献

专利文献是报道发明内容的情报载体，它既是宣告发明所有权的法律文件，又是包含新技术信息的重要情报源，很受科技人员的重视。世界各国的专利文献数量很大，为了便于利用，必须对其进行科学的整理和揭示，各国一般都编有专门的专利分类法。

5. 丛书

将许多种图书加以编辑或整理并为一部，另取总书名，以编号或不编号的方式出版的图书称为丛书。一部丛书的著者，可能是一个人，也可能是许多人。在内容上，一部丛书的各书之间无太多连贯性，可各自独立存在，但整部丛书仍有一个中心主题。在出版形式上，如版式、装帧、书型等，一般是一致的。在出版时间上，有的一次出齐，有的则逐册出版，连续多年。

（1）丛书的分类标引方法

丛书的分类标引方法有两种：一是分散分类标引，是指依丛书中每一种书的主题所属学科标引；二是集中分类标引，是指依整部丛书的中心主题所属学科标引，然后依"总论复分表"复分。

一部丛书到馆后，是采用集中分类标引，还是采用分散分类标引，由以下四个方面因素决定：①本馆的性质、任务、读者对象和检索需要；②丛书本身的科学价值、深浅程度、编者目的；③该丛书的出版单位有否完整的编辑出版计划；④本馆是否准备搜集齐全、全部入藏等。

（2）宜于集中分类标引的丛书类型

一般说来，下列丛书宜于集中分类标引：

①有总书名、总目录，有一定的编辑和出版计划，规模较大，自成体系，版式、装帧、书型一致，册次连贯者。

②为了一定目的和意旨搜集资料编纂而成的丛书，若分散分类标引就会失去其系统性和完整性。

③供中小学文化水平读者阅读的知识性、科普性丛书。

④内容联系密切，主题突出集中，并有特定阅读对象的丛书。

（3）宜于分散分类标引的丛书类型

凡属下列情况，宜于分散分类标引：

①有总书名，但无一定编辑出版计划，没有总目录，内容松散，形式多样者。

②一部丛书数量很多，本馆只准备入藏其中几种；或一部丛书已残缺不全，无法补齐者。

③内容广泛，涉及多门学科，适于中专或中专以上文化水平读者阅读的丛书。

④学科性、技术性较强，有一定学科价值，主要供科研和工程技术人员阅读的丛书。

6. 多卷书

多卷书均应集中分类，并依据全书整体内容的所属学科归类，如果分卷内容相对独立，并有分卷题名的，应进行分析分类。

7. 非书资料

非书资料指非印刷型文献，包括缩微资料、声像资料（视听资料）、机读资料等。非书资料的分类标引方法应与普通文献相同，依据特定的分类法，按照各种资料的学科属性及形式特征进行归类。

三、图书馆文献主题标引

（一）主题标引的界定

主题标引是文献资源机构广泛使用的文献资源标引方法。主题标引是整个文献系统中情报存贮和检索的重要环节，是描述文献内容的一种形式，是选择最恰当的语词来表达文献知识内容的学科性质的过程。

标引是对文献进行主题分析，从自然语言转换成规范化的检索语言的过程。对文献给予分类号标识的过程，称为分类标引，给予主题词标识的过程，称为主题标引。所以，主题标引的实质就是对文献给予主题词的过程。

主题标引工作的实质有两点：①选择恰当、准确的主题词；②进行合理的组配。组配可给文献标引带来专指性强、反映内容全面和提供多途径检索等好处。

主题标引的一般方法，是根据文献资料所涉及的主题，利用主题标引工具，在主题表上找出适合于文献主题概念的主题词，或者从文献等处抽取反映文献主题概念的词汇，作为文献标识和检索的依据。

（二）文献主题法的类型划分

主题法是一种以规范化的自然语言（主题词），作为文献主题标识和查找依据的检索语言。这种语言从其形式来看，是以规范化的词语作为主题标识和查找依据，并按主题词字顺（如字母顺序、笔画顺序、部首顺序等）排列；从其本质来说，则从特定事物着眼，通过参照系统形成主题词网络，通过组配，集中与特定事物有关的部分问题或全部问题。

主题法的类型可以有许多不同的划分方法，目前，在国内外常见的主题法中，按其使用时组配程序分，有先组式主题法和后组式主题法两种。按照主题词的选词方式分，有标题（词）法、元词法、叙词法和键词法四种。

1. 按照其使用时组配程序划分

（1）先组式主题法

先组式主题法就是表达文献内容的主题标识在编制主题词表时就已固定组配好，或绝大部分已固定组配好，称为先组式主题法，如标题词法。这种主题法又分为先组定组式主题词法和先组散组式主题词法两种。

（2）后组式主题法

后组式主题法就是表达文献内容的主题标识在查找文献时才进行组配的主题法，称为后组式主题法，如单元词法和叙词法。

2. 按照主题词的选词方式划分

（1）标题法

标题法是以标题词作为检索标识的文献标引与检索方法，是最早的一种主题法，由于之后又出现了元词法、叙词法等，为避免混淆，改用现名，亦称传统主题法。

所谓标题词是指事物"定型"的名称。如图书、图书馆、社会科学、自然科学、机械制造等，都可作为标题词。它是用规范化了的语言即经过标准化处理的名词术语作为标识，直接表达文献所论及或涉及的主题。标题词，并非指文献"标题"中的词，而是一种检索标识。标题词视其在检索系统中的作用可分为两种，起主导作用的称为主标题词，多为表现实物、材料、结构、理论、现象、工艺、过程等概念的词，例如"飞机""不锈钢""信息论""磨损"等；起说明或限定作用的称为副标题词，多为表现主标题词某一方面概念或通用概念的词，例如"着陆""安全""节能""稳定性"等。有少数词既可作为主标题词，又作为副标题词。副标题词又有两种；一种是只能与规定的主标题词组配的专用副标题词；另一种是可以与任意主标题词组配的通用副标题词。

标题法以表达文献内容的标题作为检索手段，一般不是文献篇名的抽题词，而是揭示文献内容特征的基本概念。其特点是：直接用词语表达概念；通过参照系统间接显示概念间的关系；以事物对象为中心集中文献；按主题字顺提供检索途径；属于先组式标识；组配固定。对迅速发展的现代科学而言，该词表适应性较差。

标题词表中一般只反映对于同义词进行指引的"用—代"关系，不反映对于同族词进行指引的"属—分"关系，从这个意义上讲，与叙词法相比，标题法的族性检索功能较差。

（2）元词法

元词法是以元词（单元词）作为检索标识的文献主题标引与检索方法，又称单元词法。

所谓元词是指从文献内容中抽出的最基本的，亦即字面不能再分的标引文献主题的词。元词采用自然语言的形式，在由元词组成的检索系统中，各元词按字顺排列。元词具有概念的独立性与概念的单元性。概念的独立性系指元词所表现的概念具有独立而完整的含义；概念的单元性系指元词所表现的概念是一个最基本的概念单元，即无论在含义上还是在字面上都不能再拆分。例如"化学"和"物理"，都是单元词，因为它们都不能再分；如果再分，把"化学"分成"化"和"学"，或者把"物理"分成"物"和"理"，都不再具有独立和明确的意义。

所以"分析化学"可以拆成"分析"和"化学","原子物理"可以拆成"原子"和"物理"。即使这样，各自仍然具有独立和明确的意义。所以，"分析化学"和"原子物理"是双元词，而不是单元词。

元词法是主题法系统中的一种后组式语言，但由于组配不固定，容易出现字面组配和组配误差。元词法有两个特点：首先，元词必须是规范词，一个检索系统所使用的全部元词均应记录在规范的元词表中；其次，采用后组配方式，即在编排检索款目时不予组配，而在检索时才将有关元词下所列的文献号加以对照，号码相同者表明有组配关系。

元词法充分体现了组配功能，因此，它可以用较少的词量反映较多的主题概念，在各种词表中，元词表的体积最小。但是，由于元词法采用后组配形式，而且常常采用字面组配，较易产生组配误差，检索中查准率也较低，因而在实际中较少使用。

（3）叙词法

叙词法是以自然语言词汇为基础、以规范化的叙词作为检索标识的文献主题标引与检索方法，亦称主题词法。

所谓叙词是指从文献内容中抽出的，能概括表达文献基本内容的名词或术语。叙词法是在综合多种以往使用的检索语言原理和方法的基础上，在20世纪50年代，为适应电子计算机在文献标引和检索工作中的应用而逐步发展起来的。它是分类法、标题法、元词法和键词法等检索方法及原理的综合和发展的产物。它用经过规范化处理的词语做标识，概念组配是它的基本原理。随着计算机的应用，叙词表的编制迅速发展，使叙词语言成为受控检索的主要语种。叙词法的基本要素是叙词，它是表达各学科基本概念的名词术语和指示特定事物的专用名词。选用叙词的原则一般强调从概念出发，重在析义，使之具有规范性和单一性。在用叙词描述主题时，强调概念组配，对组配的级别和主题表达的深度一般不予限制。因此，多元组配是叙词法的一项特有功能。

上述几种按选词方式划分的主题法类型中，标题法属于先组式主题法类型，元词法、叙词法则均属于后组式主题法类型。后组式主题语言也可以按先组方式使用，在标引阶段根据揭示文献的需要，组成词串，如将叙词法用于手检工具中组织标题式目录，就属于这类情况。在这三种主题法类型中，以叙词法发展最为充分，技术上最为完备，与计算机技术结合使用，取得较好的效果，因而在上述主题法类型中使用也最为广泛。

第二节　图书馆文献信息资源的编目与管理

一、图书馆文献信息资源的编目

文献编目是指依据一定的标准或规则对文献内容和形式特征进行分析、选择和记录的过程。对文献进行具体的记录和描述过程称为文献著录，著录的结果形成款目，并通过字顺和分类等途径将制成的款目组织成目录或其他类似检索工具。其主要作用是记录某一空间、时间、学科或主题范围的文献，使之有序化，从而达到宣传报道和检索利用文献的目的。

（一）文献资源编目的界定

文献编目有广义和狭义之分。广义的文献编目是指依据一定的规则为各类型文献目录所进行的编目工作，包括编制各种出版发行目录、读书目录和藏书目录等。其中，藏书目录的编制根据其范围的大小又可分为反映私人藏书状况的私人藏书目录的编制、集中反映一个文献机构（通常指图书馆）的文献收藏情况的文献机构目录的编制，以及集中反映一个地区或一个国家内两个以上文献机构文献收藏状况的联合目录的编制。还包括将著录形成的各条款目按一定原则与方法组织成各类目录的过程。

狭义的文献编目就是指集中反映一个文献机构文献收藏情况的文献目录的编制，包括文献著录和目录组织两部分内容。具体地讲，文献编目包括两个环节：第一个环节是将文献的形式特征和内容特征记录下来。例如，文献的题名和责任者、文献的出版机构和出版时间、文献中所讨论的事物主题、文献内容所涉及的学科性质等等。这一环节被称为著录。文献著录以后，在机读目录中形成若干条记录，在手工目录中形成款目。每一条记录或款目均记载一种文献的各个特征。文献编目的第二个环节是将这些记录或款目按照一定的方法组织起来。例如，按文献题名、责任者、文献主题的名称组成字顺目录，按照文献分类以后所得到的分类号组成分类目录。这些方法在机读目录中均可以自动实现。这一环节被称为目录组织。经过目录组织，无序的款目即可形成有序的目录，所有文献都可以在文献目录中拥有特定的位置。

还有一种广义的文献编目包括文献的描述性编目和文献的主题编目。描述性编目是对文献实体形态进行分析、选择和记录的客观描述过程；主题编目则是对文献所论述的内容特征进行分析、选择、记录，以揭示文献的主题内容特征，并决定其主题标目和分类号。主题编目通常被称为分类标引和主题标引，它以文献分类和主题标引及编制相应款目的工作为重点。

（二）文献编目的类型划分

文献编目的类型可以从文献类型、语种、编目手段、组织方式、编目机构及文献出版过程等方面进行区分。

1. 按文献类型分

按文献类型可分为：普通图书编目、古籍善本编目、期刊和其他连续出版物编目、地图编目、乐谱编目、档案编目、声像资料编目、计算机文件编目等。

2. 按文献语种分

按文献语种可分为：中文（汉语文和少数民族语文）文献编目、西文（英、法、德等拉丁字母语文）文献编目、俄文及其他西里尔字母语文文献编目、东方语文（日文和其他亚非国家语文）文献编目等。

3. 按编目手段分

按编目手段可分为：传统的手工编目、计算机自动化编目、联机联网编目。

4. 按组织方式分

按组织方式可分为：分散式个体编目、集中编目、合作编目。

5. 按编目机构分

按编目机构可分为：图书馆编目、情报机构编目、档案馆编目、出版发行机构编目等。

6. 按文献出版过程分

按文献出版过程可分为：预告编目（出版前编目）、在版编目（出版过程中编目）、出版后编目。

（三）文献编目的一般流程

文献编目一般包括文献著录和目录组织，以及文献技术加工等基本程序。但也有一种看法，认为广义的文献编目还应包括文献分类和主题标引在内。不同编目机构进行的文献编目和不同类型文献的编目，在具体过程及详略程度上有所不同。

编目工作过程包括以下内容：

第一，编制通用款目。运用文献著录法描述文献形式特征和内容特征。

第二，编制检索款目。进行规范控制，分别以通用款目为基础，选择统一标目形式，包括：①确定统一的题名标目、责任者标目，构成题名款目、责任者款目等；②进行主题标引，添加主题词，构成主题款目；③进行分类标引，添加分类号，构成分类款目；④建立规范款目及参照款目。

第三，目录组织。将各种不同性质款目分别组织成为题名目录、责任者目录、主题目录、分类目录。机读目录则由此形成具有各种检索途径的书目数据库，实现馆内局域网建设，并与广域网联通。

第四，目录的维护与宣传利用。目录维护指对已经建立起来的各种目录进行维护，诸如，卡片目录的保养、更新，机读目录的检查、维护等。目录的宣传利用指对读者进行信息技术教育，对目录使用方法的宣传、辅导，使其发挥应有作用。

二、图书馆文献信息资源的布局

文献资源布局是文献资源建设的重要内容之一。文献资源布局包括宏观布局和微观布局两个方面的含义。宏观布局是指国家、区域、系统的文献资源建设的整体规划。微观布局就是指具体的文献资源收藏机构对馆藏文献资源的总体设计、合理分布，即馆藏文献资源布局。

（一）馆藏文献布局的原则

馆藏文献的布局主要指馆藏文献在空间上的划分。它所研究的具体问题是，对所收藏的文献怎样依据科学的布局模式，使其发挥最大的效益，最大限度地满足用户的需求利用，以及所收集的文献采选到馆后，怎样科学合理地将其分配到适合的文献收藏地点。各文献收藏机构有类型不同和方针任务的差别，又有规模大小的不同，因而其文献的布局是不尽相同的。但是尽管如此，在划分文献布局的格局时，还是应当遵循一些馆藏文献布局的共同原则，才能建成一个科学的文献收藏体系。

馆藏文献布局的原则主要有以下三个方面：

1. 方便用户利用的原则

馆藏文献是供用户利用的，馆藏文献布局的目的就是最大限度地方便用户的利用。因此，方便用户利用是馆藏文献布局遵循的首要原则。

2. 充分发挥文献功能的原则

馆藏文献布局在最大限度地方便用户利用的同时，要体现充分发挥各学科专业、类型、各载体文献的使用功效的原则。功能明确是馆藏文献整体质量不断提高的前提。因此，在馆藏文献布局划分时，要从主要用户群对文献的需求利用情况，各学科专业、类型、各载体文献和各文献库的有机联系方面考虑。

3. 文献运转灵活的原则

文献运转灵活的原则是指各文献库文献布置的方位，便于用户选择、借阅，便于馆内对文献的日常整理，便于各文献库的文献的调整流动，便于文献从采编部到各文献库、外借处、阅览室、参考咨询室之间的迅速运转交流。

（二）文献布局的空间结构

1. 水平布局

水平布局亦称展开式布局。这种布局方式适用于小型图书馆，一些大中型图书馆在设置分科借阅体系时也采取这种布局方式。20世纪初，图书馆规模一般较小，书库、阅览室和工作人员办公区同处于一个平面上。后来由于藏书量逐渐增多，书库面积增大，工作人员和读者与藏书的距离越来越远，这种水平式模式结构显然不太实用了。后来在水平式结构上出现一种分层蛋糕式的水平布局，即按照大的学科将藏书和借阅分为多少楼层，每层仍然是水平式结构，这样就将大书库大而化小了。这种结构在建筑上显得较为灵活，在同一平面上书库和阅览区可以任意分割，但由于书架放置需要楼面具有足够的承重能力，因而会增加图书馆建筑的经费预算。

2. 垂直布局

垂直布局亦称高层式或塔式布局。随着图书馆馆藏的不断增长，水平式藏书布局已远远不能满足需求，多层书库的布局应运而生。这种布局形式能使藏书在最小的空间内得以最大限度地集中，使藏书接近阅览室。垂直布局较为适合于闭架流通书库和保存本书库。

3. 混合布局

混合布局亦称立体交叉式布局。这种布局是将常用书和呆滞书区分的一种布局方式。它将常用书放在同一水平面上，使这部分藏书能直接被读者方便地利用，将呆滞书放在书库中不与阅览室相连的垂直位置上，因而这种布局方式在空间上是呈三维立体方向伸展的。大型图书馆一般采取这种立体交叉式布局。

三、图书馆文献信息资源的组织管理

图书馆要建立科学的文献资源体系，不仅要依赖于对文献资源连续不断地收集和积累，而且要有赖于对现有的文献资源进行科学、合理、系统、规范的组织管理。同样的文献资源，采取不同的组织方式，其功能的发挥是有相当悬殊差别的结果的。对一个馆藏文献较少的图书馆，其文献资源的组织科学合理，它的作用往往大于文献数量庞大而组织混乱的图书馆。因此，对馆藏文献进行科学、合理、系统、规范的一系列有序的组织，是充分发挥馆藏文献整体功能的重要手段。

馆藏文献资源的管理就是将已经收集入藏的文献资源，按照一定的要求，进行登记、调配、典藏和保护等工作过程。其目的在于保持馆藏文献处于良好的工作状态，充分有效地为读者所利用，长期完整地保存下去。

（一）图书馆馆藏文献登记

文献资源的登记是馆藏文献管理的第一步。文献收藏机构对新收集到馆的文

献及文献收藏的变化情况（如遗失、剔除、寄存等）进行准确记录的工作，又称为文献登记。文献登记一般是按入藏或注销的先后次序进行，通常是按照登记号登记在空白本册上、卡片上或计算机数据库中。每一种文献的登记号又称入藏号或登录号。文献登记要求做到登记制度完善，各项记录准确无误，登记表格简明实用。

馆藏文献登记按登记的文献内容可分为入藏登记和注销登记，按所登记的文献类型可分为图书登记、期刊登记及其他文献登记等。入藏登记又可按登记方法分为总括登记和个别登记。

1. 总括登记

总括登记又称"总登记"，就是将收集补充的文献或注销的文献按批次进行整体登录的工作。

以某一次、某一批或根据某一单据同时到馆的文献为单元进行的入藏登记。登记的内容有登记日期、登记编号（一批文献一个登记号、连续不间断）、文献来源、单据号码、种数、册（份）数、金额、各类（各单位根据各自的实际需要确定类目）的种数和册（份）数、个别登记的起止号及备注等。通过总括登记可随时掌握全部馆藏情况。

总括登记有三个组成部分：入藏部分、注销部分和总结部分。这三部分记录分别反映在"馆藏总括登记簿"中。

（1）入藏部分

入藏部分必须登记每批文献的验收凭证，每批文献的总册数、种数、总金额，各类别、各类型、各文种文献的总册数与金额应该分类统计。

（2）注销部分

注销部分必须登记每批剔除文献的批准文据，每批注销文献的总册数、种数、总金额、各类别、各类型、各文种文献的总册数及金额应该分类统计。同时，注销的文献应该注明具体的原因，如不实用、多余复本、过时、破损或丢失等。

（3）总结部分

总结部分必须登记按年度统计的各类别、各类型、各文种文献的实存累积数量，全馆实存书刊累积总数等。

文献资源收藏类型、载体复杂的图书馆，往往有多个总括登记簿，一般按文种、文献类型和载体分别建立总括登记簿。

通过总括登记，可以了解和掌握全馆馆藏文献发展的总动态，统计分析各类文献发展变化的数量比例，检查购书经费的分配使用情况，为制订和修改馆藏补充计划和馆藏发展规划提供精确的统计资料及可靠的书面依据。

2. 个别登记

个别登记又称"分登记"。文献经总括登记后再以册（份）为单元进行的入藏登记。

登记内容包括：登记日期、个别登记编号、文献名称、著者、出版者、版次、页数、单价、文献序号（如国际标准书号、专利号、标准号）、总括登记号等。

个别登记簿是入藏文献的财产账，是清查某一文献入藏情况的主要依据。经过个别登记后的每一份文献都有自己一个特定的号码，即个别登记编号，它一般写（印）在登记簿上、文献上及主要目录卡片上，在文献的编目、贮存、传递使用中将经常使用。由于文献的类型和文种多种多样，因此在进行个别登记时一般都采取分开登账、分别编号的方法，根据本单位划分入藏文献的实际情况设置相应的登记簿，如按中文图书、外文图书、中文期刊、外文期刊、特种资料、内部资料、声像资料、缩微资料等分别设立登记簿。

个别登记号必须以册（件）为单位，一册一号，杂志、报纸装订成合订本后，每本给一个号。登记号的编制可以采用大流水号，即按文献入藏的先后登记次序，依次给号，登记号不能重复。

传统的个别登记是以册为单位，一册一册地登记。这样在进书量很大、复本量多，以及剔除注销量很多的图书馆，登记要耗费大量的时间和精力，效率比较低。为此，有的图书馆改革登记方法，简化登记形式，将每册文献的登记改为每种文献的登记，注册每种文献的复本数的个别登记号的所有号码，从而大大提高了登记速度。不过，这样的登记如以后分批剔除时，注销较麻烦。

此外，对那些不准备长期保存使用的复本文献资料，采用临时性简化登记的形式，登在非财产登记簿上，便于日后注销。

个别登记的特定功能是总括登记所不能代替的，它反映了每种具体文献入藏与剔除的动态，作为清点和补购文献的依据。馆藏文献登记的发展趋势，是登记项目、登记单位、登记格式的规范化，登记文本与登记形式的统一化，登记方法与登记手段的自动化，分散、烦琐、落后的馆藏文献登记工作，势必要被科学、统一的馆藏文献登记管理体制所代替。

总括登记与个别登记的作用虽然不同，但它们互相联系、互相补充。总括登记号码是连接个别登记的关键所在，因此，总括登记号码在两种登记中都应当记录齐全。如果要了解一批书的具体情况，就可根据个别登记的起止号，在个别登记的账上查询；反之，如要了解某一册（件）文献的来源，则可按该文献的总括登记号在总括登记簿上查找。

3. 其他文献的登记

其他文献的登记主要指非纸质文献（如音像文献、机读文献、缩微文献等）和特种文献（如专利文献、科技报告等）的登记。图书馆对它们的登记与对图书期刊的登记有所不同，主要表现在登记项目上。

4. 注销登记

馆藏文献在出现丢失、损坏、剔除、寄存、调出等情况下，需要从总括登记簿、个别登记簿及图书馆目录中注销。为保证这一工作的顺利进行，通常都要制定统一的注销原则和方法、审批手续、工作程序及注意事项等。

注销登记方法和步骤是：先填写文献注销申请书，其内容包括日期名称、著者、版本、登记号码、索书号、册数、价值和注销原因等。经批准后，将注销申请书一份送申请部门保存，一份通知编目部门抽出或注销目录卡片，最后注销个别登记簿上的财产登记号。文献采访部门根据注销文献申请书建立文献注销簿，其内容与注销申请书基本一致。一般包括日期、注销号码、名称、著者、登记号码、原价、注销原因，总注销号和备注号等。注销号码应在个别登记簿中予以反映，以便使实际馆藏文献与财产账目相符。

在注销情况很少的单位，可不设藏书注销登记簿，当需要注销时，就在总括登记簿和个别登记簿内用红字标出，在月底或年终分别做出统计。

（二）图书馆馆藏文献调配

图书馆馆藏文献的管理是一个动态的过程，为了使馆藏文献的布局达到最佳状态，必须对文献的布局、文献收藏地点的分配进行科学合理的调配，从而使馆藏文献随时随地都能得到充分的利用。

馆藏文献的调配包括两个方面的内容：新入藏文献的收藏地点的分配和原有文献的馆藏地点的调整。

新入藏文献的分配必须根据每个图书馆制定的新书分配原则，如本馆馆藏文献的布局模式、复本分配的标准、基藏书库的标准、外借与阅览的比例、总馆与分馆的关系、接收新的入藏文献的各个书库或阅览室的性质和任务，以及它们之间的分工等，将文献分配给各书库或阅览室。

原有馆藏文献的调整是因馆藏文献地点的设置发生变化，如增设新的阅览室、撤销原有的阅览室、几个阅览室合并到一起或者是出于某种需要，而在各收藏文献地点之间，进行馆藏文献的调剂工作。

建立健全统一的馆藏文献的调配制度，是对馆藏文献进行科学合理管理的保证。

当馆藏文献布局模式由传统的"单一典藏制"逐步向按文献的利用率区分的三线典藏制转变以后，全馆的馆藏文献便形成多层次、多形式的布局结构，而这个结构各点面之间，不是静态的而是动态的，不是彼此孤立而是相互保持联系。只有建立和健全统一的馆藏文献调配制度，才能保证馆藏文献在各个藏书点科学合理地布局，从而使文献在图书馆发挥最大的作用。

（三）图书馆馆藏文献清点

馆藏文献的清点是按照一定的馆藏记录，核对馆藏文献，以核实馆藏文献的实存情况和短缺情况。

清点工作的目的有两个：一是摸清家底，了解掌握馆藏现状；二是发现问题，纠正错误，改进工作。

有些文献收藏机构长期存在馆藏文献数字不准、丢失原因心中无数、有书无卡、有卡无书等混乱现象，通过清点，可以准确统计出馆藏文献入藏、注销和实存文献的数量，做到心中有数。同时，清点工作还可以检查馆藏文献的完整与否，找出图书馆业务工作中存在的问题和错误，及时加以纠正。通过清点，要堵塞文献保管和流通工作中的各种漏洞，改进馆藏文献的管理，使馆藏文献与目录体系保持一致，维护馆藏的安全与完整。

馆藏文献清点是一项复杂细致工作，要有组织、有计划地进行。它分为准备、实施与收尾三个阶段进行。在清点工作开始之前，首先必须制订清点工作计划，明确清点工作的目的、范围、方法、要求、时间及人员的安排等。清点的范围可以是全部馆藏，也可以是局部馆藏。一些大中型图书馆，由于馆藏文献多，工作量大，牵涉的人力多，旷日持久，为了不影响或少影响读者的正常使用，一般不采取全面清点的方法，而采取分库、分区、分类的办法进行局部轮流清点。另外，准备工作还包括催还图书、整理书架和目录、集中分散的馆藏文献。

在馆藏文献的清点过程中，还要求将清点与复选剔除、破损书修补、内部书提存、改正分编中的差错等结合起来进行，边点边选边改。每个图书馆都应该使清点工作经常性、制度化。

（四）图书馆馆藏文献注销

馆藏文献的注销包括注销读者遗失和损坏的文献，因剔除和工作丢失的文献。各种类型的文献资料在其流通利用的过程中，必然有遗失、损坏的现象发生。同时，由于文献资料的老化有一部分文献需要剔除。及时地将这些文献从典藏目录、读者目录、公务目录、机读目录和有关财产登记簿上注销，才能消除有卡、有记录而无文献的混乱现象，使各种目录能准确无误地反映馆藏实际情况，既为图书馆对文献的补充、保管提供了依据，也有利于提高读者服务工作的质量。

（五）图书馆典藏目录编制

典藏目录又称排架目录，是图书馆为典藏工作专设的工作目录。它能反映现时馆藏文献资源的总貌和动态，可作为各书库调节文献资源的依据、馆藏文献资源统计的准绳、馆藏文献资源清点和注销的工具。典藏目录这些特有的功能，是图书馆其他目录所不能代替的。

典藏目录一般有两种。一种是全面反映馆藏文献调配、变动情况的目录，叫调拨目录。它是全馆馆藏信息的记录，全面、准确、及时地反映了馆藏的每一种文献的数量、具体所在位置及变动情况。另一种是反映某一书库或阅览室入藏文献资源情况的目录，称为清点目录。它记录了本库或阅览室是否藏有该文献，以及收藏的数量及变动情况，其主要作用是用于清点馆藏文献。

典藏目录只供图书馆工作人员使用，一般不供读者使用。其组织方法与图书馆其他目录和登记簿有所不同。传统的典藏目录以卡片形式组成。每卡片可记录一种文献，要详细记录该种文献的每册登记号以及每册文献的变动情况。以册为单位的典藏卡片可用一张书袋卡代替。为了便于清点，清点目录卡片的排列顺序与架上的文献排列顺序完全一致。调拨目录也应尽量与全馆馆藏文献的排架一致。

典藏目录的著录项目不必详尽，一般只著录索书号、题名、个别登记号即可。有必要时可著录作者、价格。为简便起见，有时可用简单的符号代替著录内容。

计算机技术和机读目录在图书馆的运用，为编制典藏目录提供了新的手段和形式。

（六）图书馆馆藏文献保护

收藏文献的目的是利用，而利用则必须以文献资源的有效保管为前提。有效地保护好馆藏文献，延长其使用寿命，为现在和将来的人们利用这些文献资源创造条件，发挥文献资源潜在的使用价值，是馆藏文献保护的重要任务。

要保护好馆藏文献，必须了解和研究馆藏文献损失的原因、保护的方法。

1.图书馆文献损失的原因

造成馆藏文献损失的原因是多方面的，但归结起来主要为社会原因和自然原因两个方面。

（1）社会原因

社会原因主要是指图书馆藏书遭到人为的丢失和损坏，如一部分读者，或个别图书馆工作人员，不认真执行馆藏文献的保护制度，造成文献资源的丢失、损毁，甚至有少数读者撕毁、涂画、图书馆的藏书。

（2）自然原因

自然原因主要是自然界中各种物理、化学及生物因素对馆藏文献的影响。任何文献的载体都是一定的物质，它们都是有自身老化、变质、丧失原有的力学、化学和光学性能的过程，如变黄、变脆、变散、折卷、开胶、脱落等现象。而馆藏文献所处的环境条件，如温度、湿度、光照、清洁状况，以及各种微生物、昆虫、水火的侵袭都会影响这个老化变质过程的速度。如果在保存中缺乏适宜的条件，再加上客观环境中各种有害物质的催化和侵蚀，这种过程便会加速，甚至造成毁灭性的损失。

2. 图书馆馆藏文献保护的方法

针对馆藏文献损毁的原因，采取一系列的安全保护措施，以预防为主，最大限度地改善馆藏文献保存的条件，消除导致馆藏文献损失变质的各种隐患。

不同载体的文献，有不同的保护方法，就一般图书馆而言，文献保护的方法和措施主要有防火、温湿度控制、防光、防虫、防霉、防鼠、防酸、防破损等。

（1）加强教育

通过以下方面加强教育：加强工作人员自身的职业道德教育；加强对读者的道德素质教育；建立健全赔偿、惩罚制度；安装自动防盗报警系统。

（2）温湿度控制

控制温湿度最有效的方法是采用空调设备，另外还可以采取在书库建筑上设置隔热层、库外植物绿化等方法。通风也是调节书库温湿度的一种简便易行的措施，还有安放干燥剂吸潮等办法。

（3）防尘与防菌

防尘与防菌的方法有：书库、阅览室内应保持通风，使室内外空气得到交流；要经常进行卫生清扫，清除灰尘；控制书库温湿度；用浸蘸甲醛的棉花团揩拭等消毒灭菌。

（4）防虫防鼠

应采取以下措施防虫防鼠：书库内经常通风、防尘、防潮，除去虫、鼠滋生繁殖的条件；堵塞书库的各种漏洞、墙缝，放置杀虫、灭鼠的药物；用化学药物熏蒸法、低温法、缺氧法、射线辐照法、诱捕诱杀法等方法消灭虫害、鼠害。

（5）防火防涝

采取一切有效措施，防止火灾的发生：图书馆内严禁吸烟；严禁携带易燃易爆物品入馆；定期检查电路及电器设备是否完好；定期检查灭火器材是否有效；最好安装自动火灾探测报警系统。馆藏文献最怕水浸，要注意防涝：书库尽可能建造在地势高处；平时要注意防漏。

（6）装订修补

及时裱糊、修补磨损、撕页或脱线的书刊；期刊、报纸及时装订成册。

（7）缩微复制

对于珍贵的文献资料进行缩微复制，备份保存。

（8）缩微、音像、磁盘等文献的保护有以下方面：

①大量资料应辟耐火的贮藏室或资料库贮存，少量资料可用耐火橱柜或保险箱贮存，需要长期贮存的磁盘应装在密封的塑料袋中。②贮存设备应高出地面一定距离，以防水的侵害。③降低空气中相对湿度，控制好室内温度，一般应安装空调设备。④贮存的磁带要定期检查或抽样检测。⑤要尽量减少光线对文献载体的光照；各种录音带、录像带和计算机可读的磁带、磁盘等，远离电机、电缆等电磁源。

第四章 公共图书馆信息服务创新

第一节 图书馆信息服务原则与模式

一、图书馆信息服务的原则

相比社会中的其他服务，图书馆的信息服务主要有平等原则、开放原则、人性化原则和满意原则等特定的原则及内涵。

（一）平等原则

图书馆信息服务的首要或最基本原则就是平等原则，也是所有其他原则的基础，主要包括平等享有权利和平等享有机会两个基本内容。

1. 平等享有权利

现代民主社会的基本价值就是平等。平等是启蒙运动以来人类对现代文明的深刻认识，也是人类文明不断发展的必然结果。这种平等的理念融入图书馆建设中，就表现为对所有用户的平等服务。图书馆或信息服务机构应当提供平等的服务给所有用户，而不允许因种族、性别、国籍、年龄、健康等而有所歧视。所以说，图书馆信息服务最根本的原则就是平等原则。

随着时代的发展，图书馆也经历了从传统藏书楼到现代图书馆的转变，其运行机制也随之发生了巨大的变化。自我的封闭性和使用的局限性是原有藏书楼的主要特点，而对公众的开放性与使用的平等性则是现代图书馆的主要特征。图书馆现有的文献信息服务，不再被当作一种特权供少数人使用，而是所有公众应当享有的权利。根据国家有关法律法规规定，结合图书馆的运行实际，可将图书馆用户可以平等享有的权利归结为以下十个方面：①平等享有阅读的权利；②平等享有咨询的权利；③平等享有遵守图书馆制度的权利；④平等享有安全、卫生等服务的权利；⑤平等享有用户资格的权利；⑥平等享有保护个人人格和隐私的权利；⑦平等享有参与和监督图书馆日常管理的权利；⑧平等享有提出建议的权利；⑨平等享有评价图书馆工作的权利；⑩平等享有合法权益受侵害时提出合理理赔或者诉讼的权利。

图书馆逐步走向公开、公共和共享的发展史，实质上就是世界近现代图书馆发展的整个历史。逐步完善图书馆用户平等享有图书馆权利的过程，也是实现图书馆公开、公共和共享的发展过程。只有真正实现了图书馆用户平等享有图书馆的权利，才能让图书馆的信息服务发挥真正的建设作用。

2. 平等享有机会

国际组织在各种声明和宣言中大力提倡的平等原则，同时也是各国在具体工作中所坚持的根本原则。作为图书馆信息服务的一种基本原则，平等原则体现了形式上平等与实质上平等的基本特性，既包含了图书馆保障用户利用图书馆相对平等的权利，也包含了图书馆应当提供给用户平等利用图书馆的机会，而不应带有任何歧视。图书馆平等的服务追求的不仅是形式上的平等，还有本质上的平等；不仅杜绝任何歧视，还要以积极主动的服务来弥补用户自身的不足。

世界上各个国家出台的图书馆制度法规，均将"保障知识自由、提供平等服务"作为现代图书馆服务的基本理念。合理地坚持公益性和公共性，是图书馆保障用户平等享有图书馆权利和机会的基础，也是实现人类社会价值观与保证图书馆前进方向的重要基础。当然，现实社会的文明程度、国民经济的发展程度、社会主流道德观念等也是制约图书馆实现平等原则的基本要素。

（二）开放原则

随着人类科学技术的不断进步以及人类社会的不断发展，人们对图书馆的需求也在不断发生着变化，使得图书馆也从封闭逐步走向了全面开放，服务机制的转折得以实现。开放服务成为现代图书馆的一个基本特征，同时也是图书馆建设的一项基本原则，更是其他几项原则的基础，体现了现代图书馆服务的发展方向。

1. 设施及资源的开放

图书馆开放原则的实质是：图书馆包括虚拟馆藏、实体馆藏在内的所有馆藏资源，应当向所有用户平等地开放，而不应人为地设定一些限制条件，应由用户自由地选择图书馆资源。图书馆内的所有馆内设施，均应向所有用户平等地开放，而不应人为地划分一些区域来限制出入，应由用户结合自身需要自由地选择图书馆设施或场地。同时，图书馆应以路径标引、馆藏布局、新书报道、设施利用等宣传工作，配合自动检索查询系统，为用户自由利用图书馆服务创造必要的条件，以实现真正意义上的开放。

2. 时间的开放

最大限度地延长图书馆开馆时间，为用户合理利用图书馆信息服务提供时间上的便利。在公休日或节假日做到不闭馆，馆内开展所有公务活动都不与正常开馆相冲突，以保证在开馆时间上的连续性和完整性。同时，还要充分利用现代计算机和网络通信等技术，使网上图书馆全天候正常开放，保证图书馆的信息资源在任何时间均可被有效利用。

3. 人员的开放

所有公共图书馆都不应设定种族、国籍、地位、年龄等限制，应当向所有人正常开放。高校或一些专门类别的图书馆，在充分履行其自身职能的前提下，应当向社会所有用户进行开放。图书馆除了具备阅读场所的功能外，还是人们提升欣赏水平、文化修养和增长见识的公共场所，更是一个功能全面的社会文化活动中心。

4. 馆务公开

及时将图书馆信息服务的有关规定制度、决策政务等向所有用户公开，是图书馆决策趋于民主化的表现，也是取得用户信任与支持的现实需要。一是合理制定馆务公开制度，采取制度化的形式将需要公开的事项、方式、时间等进行明确。二是建立用户参与决策的机制，事先公告与用户利益相关的一些事项，允许用户直接参与到馆务的决策过程中来；三是公开用户监督途径，可设立"用户监督委员会"类的临时机构，公开监督电话、用户意见箱、领导接待用户日等常用措施，增强监督的透明性；四是公开接受用户评价，由用户对图书馆信息服务工作进行评价，并将其作为图书馆建设工作绩效的主要评判标准。

（三）人性化原则

图书馆信息服务的出发点是以人为本，这也是现代图书馆信息服务的内在要求。以人为本，就要充满人文关怀，实现人的价值，满足人的需要，以感观上的美与实用的和谐来开展图书馆的各项工作。方便用户合理利用信息资源是图书馆的目的，组织资源的人性化、技术服务的人性化、设施设备的人性化、利用环境的人性化等是图书馆人性化原则的主要内容。

1. 环境人性化

人性化的环境是图书馆提高信息服务质量的基本条件，主要包括图书馆的内部环境和外部环境。极具亲和力的内部装饰、清洁明净的功能设施、清新和谐的色彩搭配是图书馆良好内部环境的基本要求，可以为用户提供一个整洁、幽雅、明快的阅读环境，实现用文化知识净化用户心灵、陶冶用户情操和感染用户情绪的目的。还可以通过设置面积适合的研究室、方便用户取放的书架报架、符合人体力学的阅览桌椅、公共无线网络以及特殊用户的无障碍通道等，将图书馆的人性化服务很好地表现出来。图书馆的建筑设计也能很好地体现其人性化原则，结构合理的建筑设计、方便用户使用的内部构造、充满现代气息的外部形状等，都能营造出浓郁的文化氛围，提高自身对用户的吸引力。当然，周边自然、和谐、优美的环境布局也非常重要，能够让用户在幽雅、宁静的环境中享受服务。

2. 资源组织人性化

作为专职收集和组织文献信息资源，并提供给社会成员进行利用的社会组织，图书馆应从人性化的角度组织相关资源保障，以方便用户合理使用。需要根据图书馆的性质及任务，针对文献资源建设的基本原则，对相关文献信息资源进行全方位收集和全面展示。还要以用户便于检索和方便利用为原则组织信息资源，可通过馆藏资源合理的空间布局，实现用户与资源时空距离的无限缩短。现在建设的新型图书馆，摒弃原来封闭式的书库管理模式，大多采用了藏、借、阅、咨一体化的设计理念，广泛使用阅览和藏书同在一室的大开间设计格局，大大缩短了用户与藏书之间存在的空间距离。也有的专设了新书展示区，让所有新书一到馆后就展现在用户面前，大大缩短了用户与藏书之间存在的时间距离。还有的建立健全了馆藏信息检索查询系统，对全馆资源实现了一检即得的效果。

3. 设施设备人性化

在图书馆服务的设计上，可以采取灵活隔断的大开间开放式格局，用适当高度的家具对各阅览分区进行隔断，达到通透明亮、一目了然的目的，让用户有一种邀游书海的感觉。配备部分适合儿童使用的低矮阅览桌椅，可为儿童等弱势群体提供一些便利条件。融入"无障碍设计"思想，可设置伤残用户接待室、轮椅通道、阅览专座、专用电梯、专用厕所、楼梯扶手上的特殊触摸符号等盲人或残疾人专用设施，为其提供适合行动的一些服务。

另外，现代信息技术的不断发展，也带动了人们生活水平的不断提高及各行业服务水平的持续提升。但是，只有将信息技术与服务手段、服务内容很好地结合，才能发挥出应有的作用。同时，将技术因素完全融入人的主观行动中，才能将服务质量展示出来。在新技术应用上，图书馆应当通过个性化的信息推送服务、友好的网络用户界面、适时的网络参考咨询服务等手段，为用户提供更加方便快捷的服务。

4. 服务人性化

服务理念的人性化、服务行为的人性化、服务制度的人性化和服务方式的人性化，是图书馆信息服务的人性化所包含的四项主要内容。实际运行过程中，要将"为书找人、为人找书"的理念贯穿于日常工作中，通过构建图书馆的概念识别和形象识别体系，将其服务理念体现出来。通过尊重用户和相信用户的举动来提升用户心灵上的满足感，让服务制度更加人性化。采取文明礼貌的举止、亲切友善的态度，避免生硬惩戒性的言语来提升服务的外在形象。以灵活多样的服务方式，关注用户细微的需求，尽量减少用户的不适感。还可通过设立街区分馆、流动图书馆等做法，拉近与用户之间的空间距离。

（四）满意原则

图书馆开展各项工作的最好结果就是用户满意，这也是衡量图书馆信息服务质量水平的基本标准。所以说，图书馆信息服务的最高原则或核心原则就是满意原则，其也是图书馆信息服务的最终目标。近年来推出的 CS（Customer Satisfaction，顾客满意理论）理论被图书馆广泛用于用户满意度调查，较好地诠释了用户满意这一原则。CS（Customer Satisfaction，顾客满意理论）管理是图书馆一种现代管理模式，其基本目标是社会和用户期待，基本精神是以用户为导向来追求用户满意度的持续提升，主要包括图书馆理念满意、图书馆行为满意、图书馆视觉满意三项具体内容。

1. 图书馆理念满意（MS）

图书馆理念满意的核心是正确的用户观，即精神实质是一切为了用户满意。图书馆理念满意即通过实施管理策略而让用户获得心理满足感，这是现代图书馆的办馆宗旨。

2. 图书馆行为满意（BS）

图书馆行为能否获得用户的满意关键在于图书馆工作人员的服务态度。图书馆行为满意就是图书馆的行为带给用户的心理满足程度，包括行为规范满意、行为方式满意、行为效果满意三个方面，是图书馆理念满意的外部拓展形式。

3. 图书馆视觉满意（VS）

图书馆视觉满意是图书馆理念在视觉上的转化形式，是所有可视性的外在形象带给用户的心理满足程度，主要包括对图书馆设施设备的满意及对工作人员职业形象、业务能力、服务态度的满意，其传递了图书馆建设的综合理念。

同时，图书馆信息服务还应在满意原则中加入创新性内容，这也是现代图书馆信息服务持续发展的动力源泉，更是现代图书馆适应社会进步与时代发展的必要条件。要去除一成不变的服务内容、服务方式和服务理念，让用户在心理上的满意度不断提升，从而树立本行业的品牌效应。图书馆的品牌或优势就是通过自己独有的某种特性，从而在同行业中造成一定的优势差别。品牌化服务强调服务的特色与特性，如特色馆藏、特色活动、特色服务、特色环境等，都可以是图书馆特有的品牌。图书馆信息服务以其独特的价值观和行为规范，代表了一定的文化特性。图书馆信息服务的文化品质，主要通过特有的人文环境、特有的知识底蕴、特有的价值追求和特有的行业规范表现出来，象征了图书馆信息服务的高雅与高尚、光荣与神圣。图书馆开展信息服务主要是为了使知识通过传递而不断增值，可以让用户在素质提高时而欣喜、在需求被满足后而感动、在人生价值实现后而喜悦。图书馆服务的本质让图书馆工作人员具有奉献的欣慰和人生的伟大等一些社会价值。

同时，图书馆的创新性还包括了服务方法的创新与服务内容的创新等内容。

从图书馆的发展历程中可以看出，图书馆的发展史就是一部图书馆信息服务方法与内容不断创新的历史。可以在馆藏文献信息资源内阅或外借的同时，通过现代网络平台，提供各种知识库服务、数据库服务、在线或离线信息服务等，将知识发现、信息推送、智能代理、网络呼叫等融入现代图书馆服务中，实行集实时性、智能性、交互性于一体的现代服务模式，达到创新图书馆信息服务方式的目的。服务方式的创新，可以让图书馆向提供虚拟馆藏服务方向迈进，丰富了图书馆信息服务的内容，提升了图书馆信息服务的能力。图书馆信息服务内容的创新，可以从文献信息向知识信息转化，提高图书馆知识信息的含量；从传统信息查询向网络信息资源查询转化，拓展信息服务的维度；增设购物指南、职业介绍、技能培训指南、家政服务咨询、市政服务咨询等内容，加大便民或社区服务力度。

二、图书馆的信息服务模式

（一）用户驱动模式

图书馆网络信息服务模式构建过程中，要始终以用户的行为习惯为基本参照，以用户的信息需求为基本要求，以有针对性地提供层次信息产品为基本内容，通过各类文献信息资源的不断集成实现网络化、数字化信息服务模式的构建，就是用户驱动模式，也是以用户实际需求确定服务的模式。通过用户驱动模式，可以实现从图书馆自身资源呈现向集成资源方便检索转变，从图书馆的资源以馆藏分类为主向便于用户使用分类为主，从图书馆机构设置以管理为主向一体化服务流程设置为主，从而适应用户的使用习惯和行为，以最简易的方式和最简洁的流程满足用户信息需求。

用户的需求层次是用户驱动服务的关键环节，决定了现代图书馆信息服务的层次划分理念。从心理学的角度看，人的需要是由低级向高级逐步发展的。用户对信息的需要也是这样，由学习、知识积累、见识增长等求知的需要，向学习、工作和生活疑难问题解惑的需要发展，再向攻克技术难题、科学研究、科研革新等较高层次需要发展。所以说，要结合用户信息需求层次不断升级的实际情况，有针对性地对图书馆信息服务进行调整，提高信息服务的层次性和针对性。

（二）用户中心模式

以服务用户为中心，以推动社会进步和科技发展为宗旨，建立以互动性、个体性为主要特性的信息服务模式，进而提高用户的科学文化素质和思想道德修养，就是用户中心模式。这是以物为中心过渡到以人为中心的人类社会发展观的改变，是图书馆以人为本持续发展的结果，也是技术革新向图书馆服务价值回归的具体表现。

以到馆服务为主的传统图书馆信息服务，是一种阵地式的被动服务，主要提供统一模式来满足用户不同层次、不同需求的信息服务，其馆藏布局、内部管理、工作流程、部门设置及服务方式，都以规范管理信息资源进行设计并实施，难以满足所有用户的实际需求。而以计算机网络为平台的用户中心模式，支持用户的自助式服务，强调了用户的主观能动性和主导地位。通过服务模式的转变，可以让图书馆馆员担负起信息导航员的角色，将更多的时间和精力用于前期准备和线上服务等方面。工作侧重点转变为帮助用户掌握查询资料的内在规律，协助用户挖掘有用信息和疑难解答。进而提高用户查询信息、获取信息、分析信息和鉴别信息的能力。所以图书馆要针对不同层级用户展开相关业务技能培训，提高馆员的信息服务能力。

在网络环境下，图书馆信息用户大致可分为四个层级：一是次初级用户群，有利用图书馆的需求，但对计算机和网络不是很了解；二是初级用户群，有利用图书馆的需求，刚刚开始学习和使用计算机和网络；三是常规用户群，有利用图书馆的需求，能够使用计算机网络应用技术获取基本信息；四是高层用户群，在利用图书馆信息资源上具有明确的指向性，能够熟练使用计算机网络应用技术获取自己专业的信息资源。图书馆要通过宣传、培训等多种方式，提高用户的信息鉴别、信息筛选、信息分析和信息预测能力，使更多的用户能够熟练地利用图书馆各类信息服务，从而建立真正意义上的以用户为中心的图书馆信息服务模式。

（三）智能代理服务模式

随着人工智能、信息服务和软件工程等研究成果的不断涌现，智能代理（Intelligent Agent）也逐步成为现代科学家研究的热点，其基本理念就是采用拟人化或智能代理软件，进一步提高信息服务的智能化水平和自动化水平。智能代理的基础是用户所提交的信息查询请求或对某主题信息的查询请求，方式是通过对某专业领域信息资源的搜索和整理，提供给用户全面系统的专业信息内容，对用户信息需求有着较为明确的针对性。

智能代理的工作流程主要是用户通过图书馆发布的用户服务客户端，链接到统一的信息服务网络平台，并提出服务请求；由统一的信息服务网络平台对用户的合法身份进行认证；按照用户请求，调度相关服务组件与用户需求进行绑定，并将需求传递给数据存取智能代理；由数据存取智能代理查询并定位相关文献，再将数据进行排序、变换、整合等，以页面形式回送给用户。在信息网络环境下，作为信息服务最重要模式之一的智能代理服务，有着检索目的明确、用户提问优化、服务自动简捷、智能化程度高、数据挖掘充分等优点。

（四）一站式服务模式

图书馆一站式的服务模式，就是通过优化整合图书馆资源和合理组织机构部门，构建综合统一的服务平台，使用户所有信息需求能够在一个场所或通过一次操作而得到满足。实践证明，一站式服务模式作为一种商业服务理念，是一种有着较高服务效益的服务模式，能够让用户在图书馆内享受到快捷、便利、多元化、个性化的优质服务。

目前，图书馆的"一站式"服务模式主要有两种设计方法：一种是按学科专业分类，将不同类型载体的文献资料集中设在一个场所，如书库或阅览室等，可以使用户在这一场所完成针对这一学科从查询文献到获取文献的全过程。这也是对传统的纸质文献与电子文献相分离管理方式的一次变革。另一种是利用网络平台，使用户一次性检索所有相关数据库，从而获取纸质型文献或电子型文献的各种原始信息，并通过传真、邮件等形式，将其快速送达用户手中。图书馆的"一站式"服务模式很好地展现了用户第一、服务至上的服务宗旨。

（五）中介性服务模式

中介性服务模式就是指服务机构本身不直接收藏或生产某类数据库产品，主要是通过授权许可使用或购买他人的数据库产品或其他类型的电子信息资源，不需要加工处理，通过网络环境直接提供给用户使用的一种服务方式，也就是所谓的信息中介。中介性服务模式是现代网络条件下最常见的一种信息服务方式，主要通过因特网信息检索、数据库联机系统终端检索、数据库联机等形式实现，极大地促进了资源共享。联机检索是中介性信息服务经常采用的一种检索方式，主要是指提供代检服务的中间机构或最终用户通过远程通信线路，利用终端设备的一些检索策略和特定指令，直接在联机检索系统数据库进行查询的过程，在获得授权许可的条件下，提供代检服务的中间机构以一定的价格向相关信息资源的生产者购买其数据库产品并载入自己的数据库，通过检索软件及数据转化向用户提供有偿检索服务。

（六）网络咨询服务

网络咨询信息服务是在网络平台上，信息咨询顾问与用户进行交流与沟通，信息咨询顾问根据用户的需求对检索来的电子文献信息进行加工，并为用户提供咨询报告的服务。咨询的整个过程就是信息传递、反馈和控制的实际运作过程。其中咨询服务的对象主要靠网络媒体进行寻找；所有资源大部分是电子信息资源；所有的交流与沟通基本依靠网络来完成；服务的过程需要人工智能设备或各类信息技术设备的支持；咨询项目的管理依靠网络来实现。

网络咨询信息服务的运作方式有两种：一种是与委托者沟通洽谈、接受咨询委托、进行信息调研、提交咨询报告、撰写咨询报告等单纯的网络咨询服务；另一种是咨询服务专业人员利用馆藏资源，通过网络进行的网络参考咨询服务。近程化、网络化、丰富性和交互性是网络咨询服务的主要特点，也是今后信息服务的主要发展趋势。

（七）综合开发模式

对图书馆的资源信息、中介服务及网络咨询服务进行大规模、深层次的优化整合，对图书馆所有服务模式进行系统性融合，即可形成综合开发模式。综合开发模式的主要内容是馆藏文献数字化、大型文献数据库开发和网络信息综合利用，主要目标是实现全球网络信息资源的共享与无缝链接，主要特征是知识生产及全球信息资源的整合加工，主要方式是信息加工、培训教育、综合利用及分析开发。

一般情况下，只有在很大范围内具有一定的影响力，在经济与技术方面处于领头地位并且经济效益较好的单位，才能建成综合开发模式的文献信息服务机构。

（八）元素集成模式

在网络条件下，图书馆的各种信息服务模式都为用户快速获取信息发挥了一定的作用。但由于缺乏行业法规有效的监管，其应有功能并没有得到很好的发挥，信息技术的桥梁作用及信息服务人员的主导地位在一定程度上受到了限制。因此，元素集成信息服务模式便应运而生。

元素集成信息服务模式就是指将信息技术、信息用户、信息服务人员、信息资源服务功能、信息机构和信息法规等各类信息服务要素进行优化整合的服务模式，可通过系统功能的优化调整，使用户享受到多层次、全方位、多元化、动态的信息服务，从而建立了一个综合高效的信息集成化服务体系。

元素集成信息服务模式是以现代化信息技术为桥梁，以用户为中心，以组织与信息制度为控制，以信息人员为主导的一种全新的图书馆信息服务模式。图书馆建设与发展的服务宗旨是以用户为中心，同时也是所有信息服务的根本与核心。图书馆提供的所有信息服务都要通过现代信息技术来实现，其是用户与资源之间的纽带与桥梁。同时，在信息服务过程中，要充分发挥信息人员的支撑作用，信息人员在信息组织的主观调控中发挥的协调作用，不仅是图书馆信息服务功能有效发挥的主要因素，也是信息制度控制与组织协调的必要条件。组织与信息制度的有效控制，能为信息技术桥梁、信息人员主导等作用的发挥提供重要保证，也是用户主观能动性的充分发挥及服务结果符合需求的重要条件。

第二节　无纸时代与图书馆信息服务

一、无纸时代信息环境下图书馆面临的冲击与挑战

（一）无纸时代信息环境下图书馆面临的冲击

1.数字出版物为主流

就电子出版物而言，其演进过程大致可以划分为四个阶段：其一，出版物以纸质形式呈现，不管是原稿，还是印刷稿，都是计算机可读的形态；其二，除了出版纸质读物之外，还出版计算机可读的电子读物；其三，计算机可读的电子读物是其唯一的出版物形式；其四，出版类似于百科词典的数据库形态的电子文献。图书馆电子文献资源存储量的增加，势必会影响图书馆原有的模式、服务方式及工作手段，读者无须亲自到图书馆就可以阅览图书，同一本图书可以同时供多个人在线阅读，等等。

2."虚拟图书馆"的出现

就图书馆的信息资源而言，其主要涉及馆内藏书、网络信息资源两大类。而虚拟图书馆指的是借助提供网络服务的计算机网络实现连接的海量的图书馆信息资源。"虚拟图书馆"极大地拓展了图书馆的利用空间。

3.从"提供服务"到"自我服务"

读者可以借助多种图书馆设备实现自我服务，而这将成为图书馆服务的主流，面对面的、直接性的服务将不断减少。因此，未来的导读任务不再着重于借还知识教育，而是逐渐转化为向读者提供知识援助。究其原因，随着利用渠道的拓展及多样化，需要读者自身具备更高的信息素养，逐步提高自身利用信息的能力。而图书馆参考咨询工作也应该打破馆际界限，不再局限于本馆的文献，还应该肩负起社会上各种信息资源的查询和检索工作。

4.图书馆利用方式的变化

图书馆利用方式的转变,势必会促使图书馆和读者的关系发生根本性的转变。之前,图书馆是作为中心而存在的,读者对馆藏资源进行利用,馆员向其提供多种服务;就当前来看,读者是作为中心而存在,可供利用的资源比比皆是。图书馆仅仅是作为一个可供选择的信息源而存在的。图书馆将逐步从"作为场所的图书馆"转变为"作为信息资源和读者之间相互作用的中介"。

未来,图书馆的业务主要涵盖以下三项:其一,参考服务,仅仅是对读者的提问进行回应已经不能满足要求,作为参考咨询人员需要亲身参与到计划的制订、复杂书目检索方式的讲解、多种数据库检索策略的构建,以及联机检索当中;其二,图书馆导读教育和利用指导,用信息利用教育课取代图书检索、文献资料检索,构建系统化地利用图书馆的指导方法和理论体系;其三,对于其他馆和机构的信息资源进行介绍并与之联系。

(二) 无纸化时代信息环境下图书馆面临的挑战

1.收藏功能逐步弱化,投资效益逐步降低

不管是古代的藏书楼,抑或是今天的图书馆,文献收藏都是作为图书馆的一个基本功能而存在的。但是需要注意的是,在无纸化这样一个大趋势下,纸质图书的不足逐渐凸显,而电子文献的优势也逐渐被人们发掘,图书馆中电子文献投资比重的增加、纸质图书比重的降低是一个必然的趋势。这就会在一定程度上弱化图书馆的收藏功能,图书馆对读者来说将不再那么具有吸引力。读者对图书馆期望值的降低势必会造成图书馆纸质文献得不到充分的利用,进而影响其馆藏利用率。要想对图书馆投资效益进行衡量,其中一个不容忽视的指标就是馆藏利用率。纸质文献利用率的低迷,会造成读者对图书馆需求度和满意度的降低,势必会影响图书馆的服务效果,进而造成图书馆投资效益的持续走低。在收益小于投资、入不敷出的情况下,图书馆所采取的手段就是减少文献的更新,这就会进一步降低馆藏的利用率,没有人愿意总是读一些过时的文献,从而进一步造成图书馆文献收藏功能的弱化。最终形成一个恶性循环,长此以往,势必会导致诸多不良后果。

2. 生存空间越来越小，地位与作用发生动摇

第一，随着数字化、网络化、信息化的不断深化，人们信息资源的应用意识与能力得到了进一步的提升，能够借助多种手段对信息进行获取，市面上也出现了各式各样的信息服务商向终端用户提供信息服务，而这些都使得图书馆的发展空间变得更加的逼仄。这些信息服务商除了能够向用户提供海量信息，还能够提供科学化、便捷化、实用化的检索系统，并且不断地对服务模式进行完善以期得到社会认可，而这些，都是图书馆很难达到的。此外，信息服务商提供的服务较之于图书馆文献资源建设而言，成本要小得多，这就使得图书馆不得不转变策略，向信息服务商购置信息服务，而不再购买信息资源。基于此，纸质信息的生存举步维艰。

第二，一些百度等网站所具有的信息搜索功能、拓展功能，在一定程度上能够取代图书馆的部分功能。人们可以通过网络搜索知道社会上发生的大小事情，可以通过网络查询知道问题的答案。而随着手机、电脑、网络等的不断普及，上网费用一降再降，使得人们只要动动手指就能够获取所需的信息资料，根本不需要专门去一趟图书馆。因此，大批读者不再将图书馆作为获取资料的首选，馆藏的利用程度极不充分，图书馆的功能无从彰显。

3. 传统理论受到挑战，专业人员面临压力

图书馆的传统理论是基于纸质文献建立起来的。比方说，图书加工、分类、编目理论，传统图书馆的设计理论，馆藏布局理论，文献资源建设理论，以及量化统计与效益评估理论等，虽然这些理论就现在来说还具有一定的借鉴意义，但是随着无纸化趋势的逐步发展，这些对纸质文献有着极强指向性的观点必将会逐步失去其应有的作用。怎样才能更好地与无纸化趋势相适应，怎样才能够对理论进行创新，是图书馆在未来发展过程中面临的一个重要问题。此外，在无纸化大背景下，实体图书馆所需要考虑的就是怎样实现向虚拟化的过渡——机器设备及成本劳务将一步一步地取代低技术含量。图书馆原有的工作人员具备很多关于纸质图书的专业知识及技能，但是面对数字化、网络化、信息化的不断发展，必须继续对其进行知识更新，否则，其会逐渐被边缘化。

二、无纸时代图书馆信息服务的策略与途径

图书馆需要面向全体大众，基于此，就需要采取策略积极地加以应对，更好地在无纸时代中发挥自身的作用。

（一）开展虚拟社区服务

就社区服务层面而言，图书馆充当的是文化机构，主要负责的是对社区文化进行培育、实现社区物质文化与精神文化协调发展。基于新形势，需要将关注的目光转移到社区信息需求和图书馆信息服务上面。

新时代，人们依托信息通信工具来实现社区服务的重建。现代社会，人口高速流动，人们借助电话、微信、QQ 及分享的音频、视频等实现亲友间的交流、会面等。基于互联网产生出了一种新型的人际关系，志趣相投的人能够打破时空的限制实现交流。而这些团体就是人们常说的虚拟社区。基于此，图书馆需要与时俱进，实现从现实的物理机构向虚拟机构的转变，构建虚拟图书馆以打破地域界限。

未来，图书馆面临的一个挑战就是新型社区服务，搞好这项服务，图书馆就能够在新的信息社会占据一席之地，从这一层面来看，这也是图书馆面临的一个机遇。新时代，为了使人们对社区有一个系统化的认知，图书馆需要充分发挥自身的职能。

（二）数据库资源定位服务

基于该服务，用户能够准确地找到所需服务。国外的部分大企业试着借助技术方式，在网络信息资源的服务方面占据主导地位。需要明确的是，已经存在一些国外的图书馆在网络信息资源站点的中介服务当中分得了一杯羹。

就当前来看，国内外无论是线上资源，还是线下资源都迎来了一个增长高峰期，在这一过程中，图书馆需要做的就是构建数据库、创设信息资源定位系统，力求在网络信息中介层面发挥自身的作用。其一，图书馆可以对线下资源进行整合，告知用户数据库的位置，使其明确获取信息资源应该去哪里；其二，对线上资源进行定位，组建信息定位系统，整合优质、具有价值的网上数据库的地址或

相关资料，进而构建与精品数据库相契合的精品信息资源指南。

（三）检索策略服务

网络资源不集中，使得网络信息资源的用户较之于以往传统图书馆用户更需要接受检索策略方面的辅导。图书馆应该立足于网络这一大环境，进一步加强对用户的辅导，为这一传统形式注入新的活力。依托图书馆工作者的知识与经验，将更为简便快捷的上网搜索利用信息的方法教给用户。倾听用户的意见，不断地完善自身，在用户辅导当中占有一席之地。

（四）实现无纸时代图书馆知识营销与服务模式的共建

当今时代，社会生活的每个角落都能见到知识营销的身影，其在一定程度上影响了人们的生产、生活及学习。无纸化的发展趋势促使图书馆管理部门树立读者服务意识，立足于读者的需求，充分考量读者的切身利益，进而促进图书馆的健康、顺畅发展。图书馆应秉持着新的服务理念，在读者读物的各个环节都进行知识营销，进而实现读者服务与知识营销在无纸时代的高度契合。

1. 准确认知无纸化时代图书馆读者服务和知识营销的新变化和新特征

（1）无纸化背景下图书馆读者服务和知识营销的新变化

无纸化背景下，数字文献的出现打开了知识服务与读者营销的新篇章。数字文献具有方便快捷的编辑方式，并不需要太长的出版周期，也无须耗费过多的费用，并且打破了距离的限制。这些特点使其对传统的以纸质档案收藏为主的图书馆产生了极大的影响。人类以不可阻挡之势进入了无纸化时代，初步形成了无纸化背景下的图书馆阅读模式。

（2）无纸化背景下图书馆读者服务和知识营销的新特征

无纸化背景下，数字型图书对传统图书馆产生了一定的影响，具体体现在以下三点：

其一，享受远程图书馆读者服务的群体日渐庞大。无纸化背景下，人们生活当中一项重要的工作内容就是读书，但是真正去图书馆读书的人数反而在减少，图书馆的读者流量呈现一个下降的趋势。当今时代，人们坐拥海量信息，部分人会觉得阅读太耗费时间，慢慢变得不习惯读书、不爱读书。无纸化背景下，数字文献与数字图书馆应运而生。较之于传统的阅读，数字图书馆阅读对于人们具有更多的吸引力。在碎片阅读、读图时代、快速阅读的冲击下，传统纸质图书阅读逐渐下降。

其二，在一定程度上冲击了图书馆读者服务模式。无纸化背景下，读者不再那么依赖传统的图书馆，这在一定程度上影响了图书馆的读者服务模式。尤其是就当前来说，人们面对着海量信息，有着强烈的信息需求，传统图书馆可能需要更多的时间才能够满足读者的需求，这根本不能够适应时代的要求，所以需要从根本上改变其运作机制。因此，产生了许多新的读者服务模式，在对信息进行查询的过程中，更多的是借助各式各样的搜索引擎。这就使得传统的图书馆面临着极大的挑战，须从根本上对图书馆读者服务进行变革。传统意义上的书刊文献阅读需求逐渐弱化，取而代之的是全新读者服务模式，该模式以知识开发服务和知识信息需求为主要功能，并且能够依托网络实现多种图书馆资源的实时共享。

其三，构建图书馆知识营销模式。无纸化背景下，逐步创建起了图书馆知识营销模式，其中一个最为显著的标志就是图书馆的学习营销模式得到了初步发展。学习营销，其实就是一种现代图书馆知识营销，指的就是图书馆以服务和产品为中心，依托知识学习这一渠道实施的系统化的营销活动。基于学习营销，各式各样的信息及知识含量逐渐被注入，同时关于信息知识的各式各样的产品与服务被传播到社会当中，对读者优化信息资源的获取方式和技能产生了积极影响。构建学习营销渠道，有助于读者借助图书馆的服务更好地获取所需的信息，并提升自身能力。学习营销的手段之一就是知识学习，这也是其主要的手段，是最大限度地进行满足用户的知识需求，以求能够实现图书馆营销目标的最高层次营销方式。信息化社会，知识和信息浩如烟海，这也就决定了图书馆必须主要借助学习营销的方式来实现对读者的营销。其涵盖了图书馆向读者营销与智能产品和服务有关的内容，主要涉及图书馆所建立的各类数据库的使用方法、图书馆为读者提供的各类订制服务和咨询服务、各类信息检索方法。鉴于知识型产品的功能较为繁复、具有极高的技术含量，并且具有相对较强的专业性，用户并不能完全掌握与之相关的知识，在使用新技术、获取新知识的过程中必然会遇到一些小障碍，因此，图书馆向读者进行学习营销至关重要，有助于产品知识信息的读者共享地实现，有助于读者阅读障碍的消除。

2. 积极探索无纸化时代图书馆知识营销和读者服务新型模式的共建途径

立足于上述对物质化背景下图书馆读者服务与知识营销的新变化与新特征的论述，可以从以下三方面对推动读者服务和知识营销新型模式的共建进行阐述：

（1）加大图书馆基础设施投入

为了使图书馆对读者更具有吸引力，需要在图书馆基础设施建设方面投入更大的精力，尤其是需要加大在现代办公与阅读设施方面的投入。当今时代，亲自到图书馆阅读的读者越来越少，究其原因，人们借助电脑和网络就可以足不出户地获取多种信息资源。图书馆基础设施投入不足会进一步弱化图书馆对读者的吸引力。基于此，需要加大投入，优化图书馆各类基础设施建设，使得图书馆的公益性得到充分的发挥，促进读者信息服务的优化。逐步创新现有图书馆筹建模式，在图书馆建设过程中吸纳更多的社会力量参与，打破图书馆筹建和运营主体单一化的模式，面对多种读者的差异化的信息需求与服务要能够积极应对，使图书馆更好地与市场相适应。要不断提升图书馆信息技术含量，进而使其在竞争中占据一席之地。无纸化背景下，要不断对图书馆读者服务方式进行优化，一方面，要变革读者服务模式；另一方面，要加大网络化技术的投入和研发力度，开发多种读者信息服务系统，进而使得图书馆不管是在环境适应力方面，还是在技术适应力方面都能更好地与无纸化时代相契合。要鼓励读者积极参与到图书馆知识营销当中，以读者需求为立足点实施主动推送服务和个性化订制，更好地满足读者的阅读需求。

（2）提升图书馆信息获取的便利性

传统的图书馆读者服务及营销的主要目标就是使读者留下，向读者进行宣传，使其进入图书馆查阅新书、馆藏目录，并且借助完整的刊物检索工具搜集对相关信息，记录自己需要的多种文献资料信息，办理相关阅读手续后进行阅览。而无纸化背景下，该方式已经被飞速发展的信息技术所取代，尤其是电子出版刊物的出现与普及，使得传统的借阅方式不能与时代相适应，读者在阅读时需要用尽可能少的时间获取尽可能多的资讯，并且在阅读方式的选择上更加倾向于使用电脑、手机或者是平板来获取信息。该新型的读者阅读势必会促使图书馆转变自身的营销模式，将知识营销尤其是学习营销加以推广与应用，拓宽读者服务的渠道，进而使得图书馆馆藏丰富、涉猎广泛、知识多元的优势得以充分发挥，读者阅读服务得到进一步优化。

（3）创新无纸化时代的图书馆知识营销模式和方式

现代信息技术的不断发展使得现代网络服务与传统服务的融合成为大势所趋。因此，图书馆需要对自身进行完善，逐渐向信息管理和知识管理转变，立足于无纸化这样一个大背景，实现读者服务领域的拓展及内容的丰富，进一步深化读者服务，实现读者信息服务的私人订制和个性化发展，将读者和馆藏资源有机地融合起来，立足于知识营销，使得基于现代理念创建起来的数字技术平台得以优化，改变传统意义上的图书借还模式；要强化对各类知识的筛选，取其精华，去其糟粕，实现提供信息和知识的精品化；借助对多种信息的加工整理，以及专题报告、索引和文摘等多种方式，实现读者信息服务的全面化、系统化，迎合信息化背景下读者个性化的阅读需求，进一步转变图书馆的角色，使其从传统的服务人员一步一步地转变为现代信息的导航员。

就当前来看，真正意义上的无纸化并没有实现，只是一个人们为之不懈奋斗的目标。纵观媒体的变迁，直接代替只是一个小概率事件，大部分情况下都需要经历并轨的过程。图书馆在无纸化背景下开展知识营销，需要进一步提升图书馆服务的知识含域，对图书馆知识服务的内涵进行深入挖掘，使读者在图书馆当中获取的知识与技能有一个量上的增加，使读者的精神生活与业余生活更加丰富多彩。无纸化背景下的图书馆读者服务除了要将关注点放在知识和信息的提供上，还需要强化对服务的管理。图书馆读者服务质量会对图书馆的人流量产生一个直接的影响。在无纸化背景下，各式各样的图书馆与数字图书馆都可以作为知识营销的目标，要充分考量这一背景下读者需求的变化，力求使读者的精神世界更加丰富多彩。与此同时，要转变传统营销方式与管理方式，实现读者服务与知识营销的有机融合，将先进的知识营销服务理念注入其中，实现图书馆管理水平的提升，依托知识服务尽可能地实现现有馆藏资源的优化配置，对西方国家先进的图书馆经验进行借鉴，并且立足于自身的馆藏资源实际，不断地对自身进行完善，进而在竞争中占据一席之地。

第三节 自助图书馆信息服务

一、自助图书馆信息服务的内容与现状分析

（一）自助图书馆信息服务的内容

自助图书馆，英文为 Self-Service Library，可简写为 SSL，指的是读者依托图书馆自助服务能够在任何的时间，足不出户办理图书馆相关业务，并且能够享受到图书馆的预借送书服务。

1.信息服务理念

自助图书馆就是传统图书馆与现代信息科技相结合实现自身服务延伸的工具，实现了传统实体图书馆与数字图书馆的有机融合，也实现了中心图书馆与社区图书馆的统一，有助于图书馆现代化建设效率的进一步提升，有助于个体对高技术含量服务应用能力的提升。基于此，自助图书馆的服务秉承着突破时空界限，为读者提供便捷的、贴心的 24 小时全天候的服务的理念，被人们视为城市当中永不打烊的图书馆。

2.信息服务资源

服务资源是指人、财、物等资源，通过分配管理，最终形成能够被用户感知的图书馆服务能力。自助图书馆的目的就是通过图书的借阅满足人们的信息需求，图书是自助图书馆存在的根本，也是载体。没有图书，自助图书馆就无法提供信息资源，其存在也就失去了意义。然而，随着科技的发展，从纸质媒介发展到了数字媒介、语音媒介、多媒体媒介，无论是图书还是多种多样的传播媒介，我们都称之为服务资源，这些服务资源的根本目的没有变，仍然是满足人们多样性的信息需求。评价一个自助图书馆的服务效果，服务资源是重要考量对象，它包括文献资源、硬件资源和经费资源。

文献资源建设是自助图书馆的核心业务。文献资源不仅包括纸质文献资源还包括数字资源。相较于传统图书馆的丰富馆藏，自助图书馆由于设备的限制，藏书数量并不多，自助图书馆引进资源的权威性、收录内容时间跨度的大小、是否及时更新等有关质量方面的内容，都会影响用户的体验。鉴于自助图书馆的特点，其服务的对象是周围的居民，读者需求根据地理位置的不同而有所不同。合理配置图书资源是图书馆工作的重中之重。硬件资源包括设备的数量、设点位置、开放时间及操作系统等。首先，自助设备在数量上应该得到保证，确保图书馆的服务涵盖整个地区。其次，自助图书馆的设立地点要统筹全局、合理规划，确保图书馆的服务半径在合理范围内，做到高效、快捷地为读者提供服务。再次，自助图书馆的服务时间要实际做到24小时全天候服务。最后，自助图书馆的操作系统、操作流程要简洁、明确，确保读者能快速查找资源，完成借书还书的操作。同时，也要保证操作系统的安全性，读者信息的保密性，更好地维护读者权益。

自助图书馆经费来源主要是指中央及地方政府依据相关法律规定而对图书馆建设所提供的财政保障经费，也包括图书馆征集到的个人或社会团体的捐赠经费。自助图书馆想要发展需要经费的支持，经费的多少直接反映国家及当地政府对图书馆的重视程度，近几年国家一直倡导文化的建设，自助图书馆对文化的传播及推广具有深远而潜移默化的作用。拥有充足的资金，自助图书馆的文献资源可以得到保证，设备更新也可以落实，人才的引进则可以确保自助图书馆的管理科学，资源得到优化配置，服务质量也将大幅提升，所以经费的多少也是影响自助图书馆服务效果的因素。

3. 信息服务项目

信息服务项目是指自助图书馆开展了哪些服务活动。自助图书馆作为公益性机构。以服务大众为原则，人人都享有图书馆服务的权利。"以人为本"是自助图书馆服务的行为准则。自助图书馆开展的服务是否深入民心，是否从群众的信息需求中来，再到群众的阅读实践中去，这些问题的答案将直接影响自助图书馆服务的最终结果。

自助图书馆的基本服务是图书馆延续已久的服务，包括借阅服务、咨询服务及开展读者活动的服务。借阅服务是自助图书馆最一般的服务，也是最基础的服务，其他的一切服务都基于借阅服务的基础之上。自助图书馆由于馆藏量的限制，需要对读者的信息需求进行有效的回馈，这就是咨询服务。而开展读者交流会、组织演讲、开办传画展等一系列读者活动都丰富了自助图书馆的基本服务。随着移动互联网的发展，信息大爆炸的时代来临，大量无用、重复、冗杂甚至有害的信息充斥在网络中，想要迅速有效地抓取自己需要的信息，自助图书馆的移动服务必不可少。移动联通技术的发展，智能手机的广泛应用，使得自助图书馆可以通过手机、电子阅读器、平板电脑等移动设备，向用户提供服务，而自助图书馆App的产生和发展，使得自助图书馆服务形式发生了巨大的变化，快捷、有效、方便，并使人人都有自助图书馆应用客户端成为可能。图书馆发展到今天，已经成为一个信息中间站，信息采集、组织、传播都能在图书馆得到实现。随着多元文化的碰撞和发展，小众市场迎来春天，然而自助图书馆要想成功应对越来越"独特"的读者，个性化服务势在必行。图书馆应当针对读者多样性的需求，提供不同的服务方式，带给读者舒适的阅读体验。

　　4. 信息服务效率

　　自助图书馆是公益性组织，是公共物品，不具有排他性和竞用性。一般的公共物品都由国家提供，其根本目的并不是追求利润，而是提供服务。即使如此，自助图书馆的服务效率也至关重要，因为自助图书馆的服务效率将直接决定人们的信息需求成本，成本越低，信息需求的满足量就越大，从而进一步刺激信息需求的增加，而信息作为人类社会三大能源之一，所产生的能量无法估计，一切商业、科学、技术等的发展都孕育其中。自助图书馆的服务效率是影响其服务的重要因素。图书馆最基本的服务就是文献借阅，而读者借阅文献册数的总和就是馆藏外借量。自助图书馆馆藏外借量的多少，直接反映自助图书馆的利用率，馆藏外借量越多，说明自助图书馆的利用率越高，读者对自助图书馆的服务也相对比较满意。自助图书馆位置的选择、人员流通的速度以及自助图书馆资源配置的比例等都将直接影响馆藏外借量。

　　图书馆员从接收到读者的文献请求到回复读者相关信息之间的信息段叫作文献响应时间。一般情况下，文献响应时间不应超过两个工作日，由于自助图书馆的馆藏量有限，图书馆员应尽快把读者需要的资源送到读者指定的地点，并告知读者具体的获取时间。

参考咨询简单地说就是参考加咨询，即参考馆员根据读者的提问提供给读者相应的参考信息。参考咨询服务主要有科技查新服务、文献提供服务、定题服务、信息咨询服务等。而参考咨询的回复时间是从收到读者咨询提问的时间到回复读者相应信息之间的时间段。参考咨询服务的方式多样，有电话、短信、QQ、电子邮件、现场咨询等。

5. 信息服务时间

信息服务时间是指图书馆固定的开放时间。根据《公共图书馆服务规范》规定：省级馆每周的开放服务时间不能低于 64 小时；地级馆每周的开放服务时间不能低于 60 小时；县级馆的每周开放服务时间不应该低于 56 小时，其中所有公共图书馆双休日都应对外开放。然而自助图书馆的承诺开放时间是 24 小时，因设备故障、系统更新等原因导致的时间损失会大大降低自助图书馆的服务质量。

6. 弱势群体信息服务

弱势群体指在社会生产生活中由于群体的力量、权力相对较弱，因而在分配、获取社会财富时较少较难的一种社会群体，主要是指未成年人、残疾人、老年人及进城务工人员。公民有享有图书馆提供服务的权力，且这个权力的使用人人平等。弱势群体有权利使用自助图书馆，但是力量、权力或认识的不足，阻碍了这些人行使自己的权利，自助图书馆有责任和义务帮助这些人，同时这也体现了自助图书馆的人文关怀。设立针对未成年人、老年人、残疾人的服务专区，采购适应不同弱势群体的文献资源，提供针对弱势群体的服务设施，为进城务工人员提供必要的技能培训，这些都影响着对弱势群体的服务质量，进而在整体上影响自助图书馆的服务质量。对弱势群体的关注，是自助图书馆适应新发展的必然趋势，是深入落实"以人为本"发展理念的重大举措，是共享发展成果的更高形式表现，对和谐社会的构建具有极其深远的意义。

（二）自助图书馆信息服务面临的机遇与挑战

1. 自助图书馆信息服务面临的机遇

（1）现代公共文化服务体系建设和智慧城市建设催生政策利好

随着物联网的发展，信息、网络和科技嵌入各行各业，掀起了一轮智慧城市建设的高潮。地方政府的文化发展前瞻力和行动，给自助图书馆建设带来了利好政策环境。

（2）社会阅读深入百姓生活激发旺盛需求

信息时代背景下，知识和信息对个人发展和社会进步的重要作用被广泛认可。泛在学习已成为社会共识，学习和阅读成为百姓生活的重要内容。在政府的大力倡导下，社会阅读正在不断深入百姓生活，走近百姓。家庭、学校和商业机构，正在形成一股推动教育、学习和阅读的合力。百姓的文化需求被持续激发和释放，为自助图书馆建设带来了需求。各地图书馆都在积极探索转型发展与服务能力和品质提升道路。图书馆的跨界合作、图书馆服务与信息科技的融合、在学习潮流的兴起将更加凸显自助图书馆的功能优势。

2. 自助图书馆信息服务的挑战

（1）资源甄选和服务数据分析能力影响服务效益

万物互联背景下，网络、信息和产业的融合，正在不断创造奇迹，也对图书馆的信息整合和资源甄选能力提出了挑战。如何准确地洞察读者需求、如何把优秀的资源精准地推荐给读者，是未来一段时间图书馆服务必须强化的方向。图书馆要加强服务数据的分析和研究工作，利用云数据的思维方式，开展精准服务和个性化推送。将什么样的资源、以怎样的方式第一时间推荐给读者，如何收集用户反馈信息，进行服务优化调整，都是自助图书馆管理者要研究的课题。图书馆事业已经步入一个"服务为王"和"内容为王"的时代，资源甄选和服务数据分析能力将直接影响图书馆服务效益。

（2）设备和环境维护考验管理水平

自助图书馆从本质上看，属于一种人机互动设备。设备性能的稳定，将直接影响到用户的体验和情感，反接影响到读者对图书馆服务的评价。自助设备替代人工开展服务，缺乏情感的沟通，缺少肢体语言和表情的配合。一旦故障发生而又得不到迅速解决，容易引发信任危机。无人值守的自助图书馆由于带有开放的阅览空间，非上班时间的环境管理、读者不文明现象的劝导，都直接考验其管理水平。

二、自助图书馆信息服务的完善措施

（一）政府层面

1. 完善图书馆政策

所谓图书馆政策，指的就是一个国家在一定的历史阶段所制定的关于图书馆事业的方针政策、法律法规、行业规范等。

就我国来看，当前已经开展了关于图书馆政策方面的探索，有关行政部门已经制订了一些关于图书馆发展的规划，但是相对比较零散，并没有形成一套完整合理、行之有效的图书馆行业行为规范，特别是专门的图书馆法领域仍是一片空门。基于此，强化我国图书馆政策建设的重中之重就是要加快图书馆法的制定步伐，对自助图书馆行业行为进行严格的规范，将自助图书馆规范的制定提上日程，实现图书馆政策的进一步完善。此外，还需要进一步推动各类专门图书馆法的建设，特别是涉及自助图书馆的法律法规，制订相应的国家规划、行政法规和行业政策等，对使用图书馆的行为进行有效的规范。自助图书馆是图书馆的一个重要组成部分，完善图书馆政策和确立自助图书馆规范之间有着千丝万缕的关系，两者是相辅相成的。借助法律法规、政策规定对包括自助图书馆行为在内的图书馆行为进行严格的规定，进而从政策上和法律上保障自助图书馆服务的优化，使得图书馆服务的内容以及范畴能够从根本上得以明确。

2. 增加政府财政支出

公共物品的消费为个体在社会当中的生存与发展提供保障。政府是最为庞大的一个公共组织，在其所有职责当中最为重要的就是提供公共物品，而这离不开政府财政的支持。自助图书馆作为不容忽视的社会教育设施，在提高人们的知识素养方面发挥着重要的作用，有助于进一步提升人类的福利。无论是对个人而言，还是对社会而言，自助图书馆都是有益的。具体到自助图书馆来看，其具有较高的正外部性。

自助图书馆的发展是与长尾理论相契合的，要想挖掘读者的阅读潜力，就需要降低阅读成本。要想对潜在的读者进行充分的发掘，有效地培养读者的阅读兴趣，就需要政府不断增加财政支出对自助图书馆的分点进行建设，有效缩小服务半径，保证图书馆服务的便捷性、高效性，使用户只需要耗费极短的时间、借助极其简便的操作就能够完成图书的借还工作，有效地降低阅读的成本。与此同时，自助图书馆的硬件设备极其昂贵，而在设备安装、维护和系统调试的过程中也需要花费几万元的费用，这些都是需要政府财政予以支持的。离开了政府财政支持，也就谈不上建设自助图书馆了。就近些年来看，政府不断加大在文化事业方面的支出，但是真正意义上投在自助图书馆的资金相对目前的读者需求来说仍是远远不够的。与此同时，在资金投入的过程中需要保证其透明化，使读者真正了解资金的用途、明确资金的流向，进而调动读者的积极性，使其主动参与到自助图书馆的建设当中。

（二）图书馆层面

1.重视信息服务设备的维护与建设

（1）加强设备日常维护

只有设备能够正常运行，用户才能够正常享受到自助图书馆的所有服务。一旦设备因为种种原因没有办法正常运行，自助图书馆就需要及时展开其维修维护工作。自助图书馆防止因一些自然原因不能正常工作的时候，得到及时的维修与管理。此外，要加强对自助图书馆的宣传推广与使用培训，在这一过程中，应该侧重对读者进行培训教育，使读者具备熟练使用自助图书馆的方法与技能。

（2）系统平台构建独立化

要想确保自助图书馆系统发展的可持续性、安全性及稳定性，应该保证自助图书馆系统内各个模块的相对独立性，比方说其应用系统、监控系统、物流系统等。要保障自助图书馆应用系统的正常运行，别的辅助系统也要能够实时监控并提供更为丰富的功能和详尽的数据，比方说硬件状态指示、故障报警、物流状态监控及运行状态指数等。

（3）改造绿色用电模式

第一，开展自助图书馆绿色用电改造工程，依托节能运行模式，换言之，就是只有在有用户的时候才运行，别的时间一直处于待机节能状态，这样可以节约用电，进一步提升自助图书馆电能的使用效率；第二，自助图书馆可以和科技含量较高的企业展开合作，共同开发新型绿色用电的服务设备，比方说，充分运用太阳能、风能发电等手段，同时开发能力存储功能，这样在遇到突发情况主机断电时，可以自动为自助图书馆续航，保证其运行的持续性，唯有如此，才能够保证自助图书馆 24 小时全天候运行，才能将其称为真正意义上的自助图书馆。

2.统筹规划布点与资源

（1）布点的规划与实施

就当前来看，自助图书馆建设不断深化，这在一定程度上实现了城市自助图书馆数量的增加。但是，怎样对社会各界的使用需求予以合理的满足，实现各方用户阅读权益的平衡，是自助图书馆在布局时需要考量的一个重要问题，需要社会各界予以关注。就整体层面来看，自助图书馆在布局时，需要遵循两大原则，即人口密集度原则与城乡平衡原则。

具体到自助图书馆的布点落实来看，其主要有三个环节：其一，以街区为申请方对即将投入运营的自助图书馆提供布点申请。就各街区街道而言，第一步需要做的就是对附近居民的意见及意愿进行调查与协调，明确其对布点自助图书馆的想法；第二步就是要对自身的实际条件进行综合考量，主要涉及电源配置、施工环境、图书配送与维护环境、摆放地点等多个方面，看其是不是与布点自助图书馆的条件相符合；第三步就是以直接主管部门为申请人向图书馆递交申请。其二，图书馆在收到布点申请之后，应该组建专业的小组对申请街区的实际环境进行考察，考察的重点在人流、交通、网络、电力等方面，看其是不是达标、是不是适合布点自助图书馆。其三，由政府组织相关专家对各申请点上报和核实的材料予以研究，在综合各方意见的基础上，做出最终评估，以及最后的布点方案。

（2）科学建设文献资源

自助图书馆建设的深化，布点规模的深化，亟须加强文献资源体系建设。自助图书馆文献资源的建设并不仅仅是把图书资料向布点服务机构进行配送，而且需要实现文献资源采购与配送的科学化、合理化、有效化。就当前来看，在自助图书馆实际运行过程中，读者服务中心承担着整体的文献资源配置和规划工作，其能够决定将什么样的资料送往什么样的布点，再由物流中心实施具体的资源配送工作。具体来说，可以通过以下两点实现建设的科学性：

第一，基于各布点服务群体的差异性，确保所提供文献资源的科学性和合理性。自助图书馆的受众是全体大众，但是在具体布点过程中，需要依据不同位置的差异性，分析用户群体的差异性，而群体不同，对文献资源的需求类型也是会有所区别的。例如，布点在居民住宅小区的自助图书馆面向的是一般市民和普通的家庭用户，其主要的文献需求集中在文学、养生等知识普及书籍和少儿类书籍；布点在商业区办公场所的自助图书馆面向的是在企业或事业单位上班的工作人员，其更加偏好于金融、投资等与工作有关的专业知识书籍；而布点在工业区的自助图书馆主要面向的是在工厂上班的打工一族，文献需求更倾向于讲述成功经验的励志类书籍、专业技术类书籍或娱乐休闲图书。图书馆在对每一布点的借阅数据进行统计分析后，整理出各布点受欢迎的图书类型，总结各布点文献资源相同和不同的特点，再对文献资源进行科学合理的分配和配送。

第二，可尝试采取用户推荐配置图书的模式，有针对性地满足用户需求。图书馆可在自助图书馆各布点尝试推出用户推荐配置图书的模块，用户可以根据自身的需求提出自己所希望借阅到的文献类型或具体的哪本文献资源。图书馆通过对用户的这些实际需求进行总结和归纳，可以逐步归纳出该布点处主要用户的文献资源需求，从而有针对性地向该布点配送文献资源，更好地满足用户的实际和特殊需求。

（3）加强社区图书馆的配合发展

自助图书馆的发展与社区图书馆的建设是相辅相成的，一方面，自助图书馆需要借助社区图书馆的配合完成日常的管理工作，降低中心公共图书馆的物力、人力成本，提升服务效率，进一步加强自助图书馆的社会职能。另一方面，社区图书馆有了自助图书馆的辅助，自身的服务才会更加多样化。社区居民才能够更便捷地使用图书借阅等信息服务，对社区图书馆开展多种服务活动起到了推动作用。此外，自助图书馆优良的硬件设备、优美的环境、便捷的服务结合社区图书馆丰富的公共文化活动，能够形成功能强大的公共文化服务圈，为社区的文化建设增添鲜亮的一笔。

3. 深入挖掘读者需求

自助图书馆之所以存在就是为了满足读者的需求，只有对读者迫切的需求有所了解、分析，将注意点放在读者切身的使用体验上，自助图书馆才能够发展得长久、发展得稳定。自助图书馆的服务内容取决于读者的需求，基于此，需要对读者的需求进行深度挖掘，这是十分必要与迫切的。社会的不断发展促使读者不断产生新的需求，而且读者个体的差异性，使得其需求也存在差异，自助图书馆所需要做的就是对读者需求的变化进行及时的追踪与了解，进而掌握读者需求特征和变化规律，并且在自助图书馆的实际工作当中，将这些规律应用其中。

4. 提升物流配送效率

就自助图书馆而言，其物流配送主要包括两方面，即日常补充书籍与预约书籍，要想使物流配送的整体效率得到提升，需要对物流的每个环节都进行统一化的改革。其一，公共图书馆是作为物流配送环节的中枢而存在的，负责将图书资源分配给自助图书馆，并且以读者需求和借还的数量为依据实现整体调配。其二，作为物流配送的主要实施者，物流公司需要在城市当中设立更多的固定图书配置点。就物流公司来看，其运输配送经验极为丰富，为了进一步提升配送效率，他们应该选择最为高效的配送路线、制订最为优质的配送方案。其三，物流配送工作的委托外包有助于自助图书馆降低人力成本，以及图书馆配送人员压力的缓解。此外，当本地的图书馆资料并不能满足读者需要的时候，可以馆际合作，借助物流公司各配送点，向读者提供便捷的配送服务，还可以与媒体、电商平台展开合作，进而实现自助图书馆的物流配送向网络化、可跟踪化的统一管理模式转变。

（三）读者层面

1. 培养良好的阅读习惯

阅读是获取知识最为宜接的途径之一。全民阅读概念的提出在侧面彰显了我国对阅读的重视。养成良好的阅读习惯，能够为读者利用自助图书馆提供便利，并且能够使其及时地将关于服务质量的评价反馈给图书馆。"长尾理论"认为，构建自助图书馆，在一定程度上实现了对潜在读者的挖掘，进一步降低了阅读成本，有助于读者良好阅读习惯的养成。因此。提升自助图书馆服务质量和养成良好的阅读习惯之间有着千丝万缕的联系，两者能够相互促进。近些年，自助图书馆也在进行阅读推广方面的探索，有助于构建学习型社会。

2. 保护自身权利

所谓读者权利就是社会公众借助图书馆这一场所来对知识和信息进行获取。具体来说，图书馆读者权利主要涉及以下几点：对知识和信息无须他人干涉，自主地进行选择的权利；对知识和信息平等地进行获取的权利；批评、建议及监督图书馆的权利；对图书馆的基本服务免费获取的权利；个人信息不受侵犯的权利。

就自助图书馆来看，读者只需要借助操作系统，基于操作流程，就能够借书或者是还每一位读者都能够平等地获取知识与信息，要对读者权益进行保护，重中之重，是需要明确读者到底具有哪些权利；此外，还要勇于维权，立足于图书馆的具体实际，严厉禁止那些有损读者权利的图书馆行为，保护读者的权利离不开政府的支持和读者自身权利意识的提升。就我国来看，近年来人们的公民法律意识逐渐觉醒，越来越多的图书馆公共事件通过读者的自发维权行动而取得了满意的结果。读者需要自觉地对自身权利进行维护，要有一个明确的阅读要求，进而使得自助图书馆朝着更为明确的方向发展。

3. 积极参与图书馆公益事业

图书馆可以被看作是具有公益性质的社会文化教育机构，其之所以能够出现，就是为了服务大众，所以图书馆不管是建立还是发展都离不开人民大众。这是所有公益性机构的一个共性。在图书馆的建立过程中，社会公众的支持和赞助会对其产生重要的影响，另外也会对图书馆的发展前景起到决定性的作用。就全世界的图书馆而言，其读者协会、会员、义工、赞助商等图书馆组织在不同的国家称谓可能会有所差异，但是其都是为了支持、帮助和赞助图书馆这一公益机构而成立的，都是为了进一步推动图书馆公益事业的发展，这些组织都可以被视为热心公益事业的公众性团体。就图书馆公益事业而言，社会公众是否积极地参与其中，可以在一定程度上反映公共意识与民主精神的塑造程度。就图书馆而言，其活动、工作、事业等各个层面无一不彰显着社会公共的参与精神，如读者协会对各式各样的活动进行组织，会员对图书馆事业提供支持与赞助，志愿者积极参与到图书馆日常运行的各个环节当中等。

第四节　真人图书馆及其信息服务

一、真人图书馆的内涵

真人图书馆的含义有广义和狭义之分。广义层面上真人图书馆指图书馆的活体资源，其中包括典型真人图书的借阅、知识讲座文化、学科馆员和参考咨询等用于知识信息交流方式。

典型的真人图书借阅即图书馆通过征集真人图书，供一定数量的读者在一定的时间段内同时进行借阅，借阅期间图书与读者可以互通有无，达到知识共享。这种借阅形式有三个关键点：一是，真人充当图书。真人可以是知识渊博的专家学者，也可以是拥有一技之长的普通民众；可以是有过正义史的英雄，也可以是有过犯罪史的罪人；可以是历经人生百态的老人，也可以是天真童稚的孩童等。二是，可供一定数量的读者在一定的时间段内同时进行借阅。一定数量的读者，说明真人图书可以供多名读者借阅，这就弥补了传统纸质文献资源的排他性缺陷，而由于充当图书角色的是真人，考虑到真人图书的精力和需求，借阅时间必须控制在一定时间内，一般规定为 40～50 分钟，在特殊情况下可以延长借阅时间，但必须征得真人图书的同意，充分尊重真人图书的意愿。三是，借阅过程中，真人图书和读者可以互相沟通。其中，沟通的方式灵活多样，可以是口头语言沟通，也可以是肢体语言沟通，这不同于传统的图书借阅。总之，典型的真人图书馆是社会经济不断发展的产物，是图书馆丰富服务方式的有效途径。

狭义层面上的真人图书馆指的仅是典型的真人图书馆活动。

二、真人图书馆服务的发展策略

（一）加大宣传力度

现如今，我国真人图书馆服务的理论与实践探索均处在萌芽时期，要想让了解真人图书馆活动社会价值的人日益增多,营造真人图书馆活动发展的良好氛围,图书馆就必须积极传播真人图书馆服务思想,引导社会各界支持真人图书馆的发展。图书馆在宣传普及方面,可利用以下模式:

1. 传统手段宣传

在社会主义文化建设的过程中,基于广播、报纸、宣传手册等的传统宣传模式长期占据重要地位。图书馆可积极借助青年志愿者协会与读者协会,引导更多的人参与到真人图书馆活动的宣传之中,同时对真人图书馆的宣传活动与阅读推广的规划进行整合,通过读书月活动进行主题宣传。借助广播、报纸实施宣传,在人员众多的场所安排展板、发放宣传手册,均可以促进用户对真人图书馆的了解,扩大真人图书馆的知名度,以便激发用户的参与热情。

2. 网站宣传

用户利用图书馆的形式多种多样,而登录图书馆网站搜索下载自身所需要的资源与信息在其中占据重要地位。在图书馆网站上设置专门的真人图书馆版面,不仅可以使读者对馆藏资源加以利用,还可以降低其获取真人图书馆活动信息的难度。网站宣传相较于传统宣传方式,资金需求更少,给图书馆节约了宣传材料的支出。同时,网页宣传通过图文结合的形式,为用户提供生动、清晰的服务活动信息,更是提升了用户对真人图书馆活动的兴趣。

3. 微信、微博宣传

包括微信、微博在内的网络社交平台在信息的传播速度与范围方面有着无与伦比的优势。真人图书馆借助微信、微博开展宣传工作,可以提升宣传效率,并使社会各界及时接收到真人图书馆的最新活动资讯。用户仅须关注真人图书馆的微信、微博公众号,就能够通过自己的智能通信工具浏览活动状况,完全突破时空限制。同时,微信、微博为组织者和用户提供了线上交流的平台,组织者借助微博、微信能够开展用户答疑工作,用户能够随意点评图书馆在微信、微博平台上发表的文字内容。因此,图书馆必须聘请专业人员负责真人图书馆微信、微博的日常维护工作,快速更新有关信息,从而大幅提升宣传的时效性。

(二) 细化服务管理

1. 关注读者需求

真人图书馆服务必须围绕用户需求展开,真正使用户在参与真人图书馆活动的过程中收获身心的满足感。相关活动的组织者可通过开展问卷调查与提供"征订目录"的形式，全面把握用户生活、学习与心理等方面的需要，明确用户阅读兴趣，给用户提供最恰当的真人图书。相关工作人员在真人图书浏览过程中必须认真做记录，关注用户体会，留意用户的兴趣所在，快速了解用户信息要求。工作人员在用户浏览完毕后，要按照用户的留言或建议快速评价活动成效，比较研究用户满意度、原定目标和客观成效之间的关系，发现活动中的问题，确定完善计划，重点处理影响广泛、意见最多与用户最重视的情况。

2. 制定规章制度

真人图书馆活动的顺利进行必须依靠规章制度的支持，制定具体的规章制度与工作要求，可以使活动各个程序的工作实现标准化给予活动一定的可执行性，从而确保活动有章可循。系统的真人图书馆规章制度必须涵盖以下方面：真人图书选取制度、招募制度、借阅制度、用户管理制度等。需要指出的是，在构建系统的规章制度的过程中，必须对借阅伦理制度加以重视，应将真人图书和用户之间的权责关系以具体条文的形式呈现出来，从而真正确保彼此的隐私权、名誉权与选择权不受侵犯。

3. 重视服务细节

真人图书馆活动的价值建立在细节的基础上。真人图书馆的组织者必须对服务细节予以重点关注，找出服务中的亮点，为真人图书馆活动营造更为自由平等的气氛，使各活动参与者能够从服务细节中体会到人文关怀，缩小图书馆工作者和社会各界人士的距离感。同时，工作者要遵循职业守则，改善服务态度，坚持细节服务思想，将真人图书馆服务发展至文化服务的高度，借助文化的力量提升服务执行力与感染力。工作者专业化与细致化的服务，给予用户的不仅是一个笑容、一杯咖啡，它还传达了一种文化，表现了对用户的深切关怀，同时凸显了图书馆的价值目标——人性化服务。

4. 完善服务评价

现如今，图书馆的评价方式基本包括两种，即成效评估与绩效评估。前者是指一种以用户为导向，分析图书馆这个整体所具备的价值、功能与影响的评价形式。其与建立在投入/产出基础上的绩效评估有着明显的不同，具体而言，它将用户感知当成评价客体，评价的内容涉及图书馆提供的资源与服务成效。作为图书馆文化服务的重要组成部分，真人图书馆采用成效评估方式比较恰当。它的成效评估涵盖三个方面：①项目设计与管理的评估，真人图书馆活动是否呈现出专业性与丰富性的特点。活动主题、宣传程序控制与成本控制是真人图书馆管理评估的基本内容。②从合作单位的视角进行评估，活动是否与别的单位共同举办。应该基于合作单位的范畴、参与程度、合作力度与反应对真人图书馆的支持度与社会辐射力进行评价。③服务对象反馈，真人图书馆主要为真人图书与用户提供服务，调查问卷在调查形式中占据主导地位。问卷主要涉及活动的参与程度、活动成效等。④校外反响，其涵盖媒体反馈、业内评价、社会反响等，也就是借助上述方面开展评价工作。

真人图书馆活动具有非常独特的性质，它的保存形式也是服务评价的重要内容之一。当前，真人图书的保存形式基本包括以下两种：其一是组织者在活动结束后整理真人图书，并将相关内容编纂成系统的材料；其二是在活动举行时同步记录、录音或录像。

（三）完善激励机制

1. 内在激励

所谓内在激励，指的是人所获得的来自工作本身的激励。真人图书馆活动所呈现出的公益性，决定了真人图书参与真人图书馆服务并不是以获取物质报酬为目的，而是为了满足精神层面与自我实现的需求。所以，图书馆这个活动组织者在从事服务管理时，要为参与者提供广阔的空间，赋予活动自身强烈的吸引力，提升参与者的积极性与主动性。合理提升工作的目标层次，使服务具备更大的挑战性，优化活动结构与内容，增强工作的趣味性，可以使参与者体会前所未有的乐趣与困难，进而愿意接受工作安排。同时可以在活动进行过程中挖掘潜力，在活动的成效中得到满足感与荣誉感。

2. 外在激励

真人图书馆外在激励的动力来自参与者的外部需求。尽管外在激励呈现出明显的功利性，但其切实促进了真人图书馆活动宣传工作的发展。通常而言，图书馆运用的激励方式包括两类，即荣誉激励和保障激励。

外部或图书馆自身是真人图书馆荣誉激励的根本来源，作为外部或图书馆对其服务的正面评价，真人图书馆活动的荣誉激励是提升参与者热情的重要激励方式。图书馆自身的荣誉激励主要依靠颁发真人图书服务证明和"服务之星""读者之星"的形式来完成。荣誉激励除了可以赋予参与者荣誉感与满足感之外，还可以提升活动的辐射力与吸引力。

保障激励主要反映在提升服务人员工作环境质量、扩大读者权限与提高真人图书生活补贴方面。空气清新、光线适宜、开阔敞亮的工作场所可以使工作者变得轻松快乐并形成强烈的归属感，进而维持良好的工作状态。图书馆对在真人图书馆活动中发挥重要作用的志愿者，可以利用扩大其借阅服务权限作为保障激励。当真人图书属于弱势阶层时，活动举办者若积极给予他们交通费、餐补费等一系列经济补贴，就会最大限度地激发真人图书的参与热情，调动其参与积极性。

（四）强化品牌文化建设

真人图书馆强化品牌文化建设的根本目的是让自身的服务更符合信息时代的要求，在整合服务思想、服务资源、创新能力的基础上，收获一种可以体现自身服务内涵和宗旨的文化标志，提升服务在用户群体里的认知度，扩大服务的社会影响力，从而推动活动健康和谐发展。

图书馆实施真人图书馆品牌文化建设要从以下三个方面下功夫：其一，应丰富品牌的文化内容，对品牌进行清晰的定位。高校图书馆必须从自身的客观实际出发，明确品牌的服务宗旨与独特品位，并且提升用户对服务内涵和意义的认同，让服务同用户形成密切的关联。应在整合大学精神和真人图书馆思想的基础上，促使用户在接受服务时形成对品牌的信赖感，从而塑造品牌信仰，提升顾客的品牌忠实度。其二，应重视馆员的主体性建设，积极调动馆员的服务积极性，让馆员将品牌思想外化为自身的服务活动，有效地提升馆员的创新意识和服务意识，从而构建品牌的核心价值。其三，应对品牌的传播予以重视，依靠图书馆与媒介提升社会影响力与知名度，使更多人了解真人图书馆的品牌形象。需要指出的是，真人图书馆品牌由诞生至成功的过程具有明显的渐进性，品牌的宣传应以高水平的服务为基础。就品牌而言，其最恰当的宣传策略是使用户在同真人图书的沟通互动中获得潜在的文化。

第五章　高校图书馆数字特色资源建设

第一节　特色资源的概念

一、图书馆特色资源概念

（一）图书馆资源

在人类历史文明发展中，图书馆有着悠久的历史。作为收集、整理和传播知识信息的场所，图书馆是人类历史和文化所创造的精华记载的标志。人们通常认为，图书馆是搜集、整理、收藏图书资料以供人阅读、参考的机构。长期以来，图书馆以丰富的图书、期刊等文献资料吸引着读者，被广大读者称为知识的宝库。图书馆一直以巨大藏书量而著称，在它的发展史上，图书长期占据着绝对主体的地位；随着知识的急剧增长和出版业的发展，期刊、报纸等各种文献资料逐渐兴盛起来，日渐成为重要的文献信息形式；随着现代图书馆的发展，科学技术带来的协作与共享使图书馆的电子和网络信息变得日益重要。尽管图书馆馆藏的内容发生了变化，但它们都是图书馆资源的有机组成。除此之外，图书馆的工作人员、各种设备、建筑结构、服务风格、管理方式等与图书馆有关的一切都属于广义的图书馆资源。

（二）图书馆特色资源

从一般意义上讲，"特色"是事物所表现出来的独特的、优秀的个性风貌，也就是指一定范围内，该事物与众不同的独特风格，它是由事物赖以产生和发展的特定的、具体的环境因素所决定的，是其所属事物独有的。同时，需要注意的是，特色不是永恒不变的，而是一个不断发展、富有动态变化内容的、与时俱进的概念。现在的特色，以后也许就不再成为特色。

特色资源通常是指那些与普通资源相区别的特殊的资源，它有其与众不同的特点，是图书馆资源这一整体之中有特色的那一部分。因此，特色资源是图书馆资源的有机组成部分。

图书馆特色资源是一个内容丰富的概念。从宏观的角度来理解，图书馆资源中有特色的内容都可能成为特色资源。图书馆的特色资源主要包含以下三方面的内容：

1. 信息特色资源

随着科学技术的发展，信息化代表着现代图书馆的发展方向，信息资源在图书馆资源中占有越来越重要的地位。图书馆特色资源也日渐信息化，以崭新的面貌呈现在读者面前。信息特色资源既包括实体资源，也包括非实体资源，是图书馆特色资源建设的主体。当前，通常意义上讨论的数字图书馆特色资源建设，也以信息特色资源为主体。

2. 服务特色资源

服务特色资源是一种图书馆非实物资源，它无处不在，在细节上体现着图书馆的风格和特色。各个图书馆推行特色服务是现代图书馆特色化趋势的重要表现。它不仅体现了一个图书馆在服务方面的特色，也是图书馆特色资源的有机组成部分。

3. 环境特色资源

主要指图书馆建筑本身的特色。从内容与特征的角度，可以将图书馆特色资源概括为图书馆针对其用户的需求，以某一学科、专题、人物及某一历史时期、地域特点等为研究对象，依托该图书馆已有的馆藏信息资源，对更多的文献信息资源进行收集、整理、存储、分析、评价，并按照一定的标准和规范进行组织、管理，使其成为本图书馆独有或其他图书馆少有的资源。环境特色资源是本图书馆区别于其他图书馆，且具有本图书馆独特风格的信息资源。

这里主要考察图书馆特色资源中的信息特色资源，它是图书馆特色资源的主要构成部分，也是人们在图书馆学领域重点研究的内容。据此，简而言之，图书馆特色资源便是一个图书馆所收藏的文献信息资料所具有的自己独特的风格。这种独特主要有两层含义：第一，它指一个图书馆拥有独具特色的部分馆藏；第二，它指一个图书馆总的馆藏体系具有与众不同的特点。在实践中，当前已经建设的图书馆特色资源通常符合第一层含义。

二、特色资源的本质含义

文献信息资源在国际化和标准化之外，资源特色化和个性化是图书馆追求的重要目标，是自建特色文献数据库的重要基础。资源的特色化和个性化具体表现为：显著区别于其他馆藏的、具有独特风格与形式、个性化体裁与别具主题内容的文献资源。既凸显厚重的人文底蕴，又张扬独特的个性魅力；既承载着深邃的文化积淀，又蕴含着时空的未来价值。独特性、延续性与价值性是特色资源的本质含义。

（一）主题独特性

体现国家、地方区域和学校的特色，既包括学科特色和馆藏特色，当然也包括断代资源的主题特色。

（二）时间延续性

应具备一定年限的收藏时间和文献积累，自收藏之日起没有间断，资料收藏较为系统、相对完整，具有时间的延续性。资源优势相对明显，具有一定的影响力。

（三）内容价值性

具有较高的研究价值与应用价值，或者至少具备其中一个方面的价值。随着时间的延伸，其价值也越来越高。

三、特色资源的范畴

特色资源在独特性和延续性的本质特征框架内，展现的内容可丰富多彩，表现的形式可活跃多姿，呈现的类型可活泼多元。

（一）内容宽泛，主题多元

特色资源内容的范畴较为宽泛，从传统的典籍文献到当下的师生论著，从学校各学科的考题到历届硕博学位论文，从手稿、抄本到地图、照片，从缩微制品到专题数据库及家谱、族谱、WTO 文献等，应有尽有。

（二）掘旧采新，创造未来

未来毕竟仍由人类来打造，人类的想象力和创造力是社会的基石。尽管科技的进步具有划时代的意义，我们还须牢记我们社会的价值观和生活和谐的重要性。图书馆既筑就于文化遗产之上，又创造未来。因此，我们不仅要善于挖掘典籍文献资源，而且要面向未来，不拘一格地打造新资源，即要有强烈的"瞻前顾后"意识。建设特色资源要富有创新意识和前瞻视野，既要"推陈"也要"出新"；既要"掘旧"也要"采新"；既要弘扬传统、萃取精华、服务当代，也要放眼未来、开拓个性化资源、占领创造未来资源特色的制高点。

四、数字信息资源

（一）数字信息资源的界定

数字信息资源是在计算机技术、通信技术和高密度存储技术的迅速发展并在各个领域里得到广泛应用的环境下产生的一种信息资源形式。它是指经过数字化处理的，可通过计算机系统或通信网络等识别、传递、浏览的信息资源。

狭义上也称为电子资源，指一切以数字形式生产和发行的信息资源。所谓数字形式，是以能被计算机识别的、不同序列的"0"和"1"构成的形式。数字资源中的信息，包括文字、图片、声音、动态图像等，都是以数字代码方式存储在磁带、磁盘、光盘等介质上，通过计算机输出设备和网络传送出去，最终显示在用户的计算机终端上。

（二）数字信息资源的优点

数字信息资源的优点有：①数字信息资源以磁性材料或光学材料为存储介质，

存储信息密度高、容量大，且可以无损耗地被重复利用；②数字信息资源以现代信息技术为记录手段，以机读数据的形式存在，可在计算机内高速处理，可借助通信网络进行远距离传播；③数字信息资源内容丰富，可以是文字、图表等静态信息，也可以是集图、文、声、像于一体的动态多媒体信息，且各种类型的数据又可借助计算机实现任意的组合编辑；④数字信息资源具有通用性、开放性和标准化的数据结构，在信息网络环境下，被每一个用户所使用，是一种具有共享性的信息资源；⑤数字信息资源具有高度的整合性，它不受时间、空间限制，可以实现跨时空、跨行业的传播。

（三）数字信息资源的类型

1.按照数字资源的性质和功能划分

（1）一次文献

原始文献，指反映最原始思想、成果、过程，以及进行分析、综合和总结的信息资源。

（2）二次文献

对一次文献进行加工、整理便于利用一次文献的信息资源，如网络资源学科导航、分类指南等。二次文献可以把大量分散的一次文献按学科或主题集中起来组织成无数相关信息的集合。

（3）三次文献

三次文献指对二次文献进行综合分析、加工、整理的信息资源，如专门用于检索搜索引擎的搜索工具。

2.按照数字资源的生产途径和发布范围划分

（1）商用电子资源

商用电子资源也称正式电子出版物。

（2）网络公开学术资源

网络公开学术资源即半正式出版物，包括各种学术团体、行业协会、政府机构、商业部门、教育机构等在网上正式发布网页及其信息。

（3）特色资源

特色资源也属于半正式出版物，主要基于各教育机构、政府机关、图书馆的一些特色收藏制作。

3.按照数字资源的载体划分

如光盘数据库、网络数据库、联机数据库等。

4.按照数字资源的学科划分

如生物学、医学、地球物理、天文学、建筑学等。

第二节　数字特色资源的保存与利用

图书馆数字特色资源的长期保存与管理问题是伴随着网络化发展出现的新事物。由于数字技术的飞速发展及互联网的普及，数字特色资源增长迅速，图书馆数字特色馆藏急剧增加。与数字资源的生产能力相比，数字资源的保存技术和能力却远远落后，随之而来的数字资源保存管理与数字资源的使用问题也日益突出。图书馆是各类知识、信息的集合地，在当今信息数字化、服务网络化的环境下，研究图书馆数字特色资源长期保存与管理是十分重要的。

一、数字特色资源的保存

（一）数字特色资源长期保存的原则

1.针对性原则

在图书馆资源中，并不是所有的资源都需要长期保存，数字特色资源的保存要以满足用户需求为宗旨，并进行有针对性的长期保存工作。这就涉及了资源的选择问题，要发挥自身优势，结合图书馆的馆藏特色、学校的学科特色及所处的地域特色进行考虑，同时，还要立足现有和潜在的用户需求，面向教学和科学研究的实际需要，充分考虑其实用价值和需求程度。

2. 科学性原则

科学性原则是指对数字特色资源进行长期保存时要遵循科学合理性，在科学的规划布置和指导下开展，不能盲目。在实际操作前，要对本馆数字特色资源保存的必要性和可行性进行充分的科学论证，不能随意拼凑。

3. 可用性原则

数字特色资源的长效利用是长期保存的主要目的。保证数字特色资源的可用性，首先要清楚数据和软件之间的关系，并根据数据和软件之间的关系，选择合适的解决方案。不同种类的数字特色资源保存和利用的方式不同，应当根据资源的种类和类型制定合理的保存策略，保证资源的正常使用。

4. 可靠性原则

不论采取何种保存和使用方法，首先都必须保证所保存资源的安全可靠性，确保保存资源的真实性。

（二）数字特色资源长期保存的技术策略

数字特色资源的长期保存包括多方面的含义，基于不同的理解、不同的需求及不同的关注层面，产生了各种技术和解决方案。这些技术实际上代表了数字特色资源保存的不同策略，表达了人们对不同技术特点研究基础之上的、实践中的取舍。

1. 数据迁移技术

保持数字对象的长期可用性是数字保存的重要内容。迁移是广泛使用的一种数字资源长期保存策略之一，它根据软硬件的发展，将数字资源迁移到不同的软硬件环境之下，保证数字资源的可识别性、使用性与检索性。迁移可分为硬件迁移、软件迁移、载体迁移、格式迁移、版本迁移、访问点迁移等。然而，传统的迁移方式存在一些问题，从而产生不同程度的失真，如果某一步骤存在错误、遗漏或其他情况，就会影响以后的迁移，或者导致部分失真。与传统迁移技术相比，按需迁移则可以解释或读取特定文件格式的编码，并只执行一次。但是，该方法还无法准确地保持和提供可信赖的还原机制，同时，需要产生相应的迁移工具，也会造成相关费用的提高。

2. 环境封装技术

环境封装是在对数字资源进行包装的过程中,将该数字资源所需的运行环境,如动态链接库、运行环境等一起打包,从而能够在其他环境下运行该程序包。在封装上,由于刷新元数据存在困难,而且其使用的软件在使用时也无法保证能够获得,因此,这种策略实际上还停留在讨论阶段。

3. 数据仿真技术

仿真其实是生成一套软件,用于模拟保存、访问数据的硬件或软件,有时只是模拟硬件或软件的一部分功能,预期重现数字对象的原始操作环境,其优势在于与操作平台无关。一个虚拟计算机可以用于详细说明今天的操作过程,这些过程可能在将来的某台未知机器上运行。

4. 开放描述技术

开放描述是指信息系统通过计算机可识别的开放语言和规范方式来描述自己系统各个层次的内容。尤其是自己的数据格式、组织体系和管理机制、所形成的描述文件及其定义语言置于本系统公知位置,或递交公共登记系统,第三方系统能识别、理解本系统的格式和规则,并在此基础上实现系统间的相互操作。数字资源的开放描述可以将数字资源的存储、描述、组织、传递方式以第三方可以获取的形式描述,从而实现第三方或未来对该类资源的使用。

5. 数据考古技术

数据考古技术是指从损坏的媒体、损坏或过时的硬件和软件环境中恢复数据内容的方法与手段,即从原始的字节流中恢复数字资源的原貌,并保证数字资源的可读性与可用性。数据考古是具有挑战性的技术,如果已经无法获取数字资源的原貌,就无法评估数据恢复的成果。因此,在正常的数字资源保存过程中,并不赞成使用这种技术策略,而是应该采用更为实际的运作方法。该方法仅在其他方法无法发挥作用的情况下使用。

6. 数据转换技术

广义的转换包括格式的转换、程序的转换、字符编码的转换、媒体的转换、操作系统的转换、硬件系统的转换等。转换的方法有三种:第一,把特色型数字资源的格式转换为通用的文本格式;第二,利用通用的、开放的数据库管理系统；第三，采用或开发对应的转换软件。转换技术应用的关键是对数据进行重定格式，或者转换时应考虑对时机的把握以及对实体类型与格式标准的选择，因为这些问题都会给数字资源的可靠性带来一定的影响。

7. 数字图形输入板技术

数字图形输入板技术能同时保存软件和硬件，降低迁移费用，同时具备自含动力源，能将所保存的信息直接显示在自含屏幕上，并且能够执行原处理器软件说明，对原程序和数据采用仿真加以存储。缓存器可根据用户对原文献的要求，实时显示有关数据。数字图形输入板的实体异常坚固、耐寒、耐高温、防水及抗重力。但是，数字图形输入板的开发费用较高，仅适用于对政府法律文献、珍贵艺术品的保存，其存在的数字资源与引起错误结果的软件和归档等问题也需要加以解决。

8. 数据更新技术

数据更新是指通过复制将数据流从旧存储介质转移到新存储介质上，以保护数据本身少受存储介质质量恶化的影响。更新是目前使用得最为广泛的数字资源保存技术，但是只有当原数据格式没有淘汰时才能被读出，而且如果新、旧软硬件的环境不能兼容则无法利用，也就失去了保存的价值。简单的数据更新也并不能对数据的结构特性、描述的原数据、检索及展示方面的能力进行维护，无法满足用户的检索需求。

9. 身份识别技术

身份识别技术主要用于正确识别通信用户或终端的个人身份。最常用的方法是给每个合法用户一个"通行证"，代表该用户的身份。通行证一般由数字、字母或特定的符号组成，只有本人和所使用的信息系统知道。当合法用户要求进入该系统访问时，首先要输入自己的通行证，计算机会将这个通行证与存储在系统内有关该用户的资料进行比较验证。如果验明他为合法用户，就可以接受他对系统进行访问，如果验证不合法，信息系统就会拒绝该用户对系统进行访问。

10. 仿写技术

将数字信息文件设置为只读状态，在这种情况下，用户只能从信息系统中读取信息，而不能对其做任何修改，这就可以有效地防止用户更改数字信息内容，从而达到保护其真实性的目的。另外，对数字信息的存储，如果采用一次写入光盘方式，由于它是使用不可逆记录介质制成的，可以有效防止用户更改数字系统内容，从而保持数字信息的真实性和可靠性。

11. 系统还原卡技术

使用系统还原卡后，尽管用户可以随意对系统中的数字信息进行增、减、改，但是，一旦系统重新启动，数据又会恢复到原来的状态，用户的操作不会留下任何痕迹，从而保护了系统中数字信息的原始性。

二、数字特色资源的利用

（一）检索服务

数字特色资源可以为用户提供检索服务，包括简单检索和高级检索。简单检索提供按资源类型的检索，包括学位论文、期刊论文、会议论文、多媒体资源、电子图书、课件、音频、多媒体、标准文献、网络资源及检索字段。高级检索可以选择多个检索资源，输入多个检索词进行检索，检索速度快，检索结果精确。

（二）个性化服务

在数字特色资源进行保存与发布后，可以在相应网站或数据库系统中通过建立我的图书馆、邮件等个性化服务来提高资源的利用率。

1. 我的图书馆

个性化服务是根据用户需求提供的特定服务，基于网络的个性化服务是图书馆服务的必然趋势。"我的图书馆"是基于网络的高校图书馆个性化服务的一种方式，它将成为未来图书馆个性化服务的重要方向。"我的图书馆"主要为用户提供一个图书馆资源的订制界面，其本质上是一个基于网络的带有网络前台的关系型数据库应用系统，主要包括以下四个内容：

（1）我的电子书架

当进行检索或浏览资源时，用户对于感兴趣的资源，可以通过点击"放入电子书架"进行保存，下次登录系统时，就可以直接通过"我的图书馆"浏览。

（2）我的链接

在"我的链接"管理界面，用户可以根据自身的喜好，添加相应的链接资源，可以是电子书、视频等，只需要添加相应资源链接的 URL、链接名和描述信息即可。

（3）我的检索历史

首先，利用平台的统一检索服务，用户可以检索到相关资源，然后选择感兴趣的资源，保存到收藏夹，这样在"检索历史"界面可以看到相关资源。"检索历史"主要包括检索表达式、检索资源、检索时间、删除操作。这样，用户在下次登录系统时，如果检索相同的检索词，就不需要再次输入了。

（4）我的关键词和学科分类

在该模块中，用户可以自己设置"我的关键词和学科分类"，为进行邮件推送服务提供基础。"我的关键词"提供按照题名、关键字、全文这三种检索方式。"我的学科分类"可以通过学科导航来选择用户关心的学科分类。

2.邮件推送服务

在邮件推送服务配置里，可以配置如下参数：收邮件地址、推送周期、推送内容。然后启动邮件推送服务，这样，用户就可以定期收到系统的推送信息了。

3.RSS 推送服务

RSS 是基于 XML 技术的互联网内容发布和集成技术。RSS 服务能直接将最新的信息即时主动推送到读者桌面，使读者不必直接访问网站就能得到更新的内容。读者订制 RSS 后，只要通过 RSS 阅读器，就可看到即时更新的内容。RSS feed 的信息来源是本地特色数据库中的所有已经成功发布的资源，这些资源按照学科代码分类号进行分类。在"RSS 推送服务"模块，用户在浏览器中创建自己的 RSS 频道，可以添加相应的频道名称、频道地址、更新时间、保存条目，配置完这些信息，一个 RSS 频道就创建完成了。每当这个频道有相关资源，用户就可以在阅读器中浏览。

（三）数字特色资源的整合

数字图书馆采用引进或自建数据库等方式构建了特色数字信息资源，并通过互联网为用户提供信息服务，极大地提高了满足用户信息需求的能力。然而，由于这些数字资源分布在不同的地方，由不同的技术开发人员开发和提供服务，对此，如何整合已有的数字特色资源，为用户提供一个统一检索、方便简单、功能强大的资源使用环境便成为目前数字图书馆亟需解决的重要问题。

"整合"意为一个完整的数，数字特色资源的整合是指根据用户的需求和资源的特点，将图书馆相对独立的众多数字资源按照它们之间内在的知识关联进行重组，形成统一的、高效利用的数字资源体系。

数字特色资源的整合从技术和方法层面可分为以下四种类型：第一，建立数字资源导航系统，为用户提供众多数字资源的统一入口；第二，基于 OPAC 系统整合各类数字资源，提供在 OPAC 系统框架内的整合利用；第三，建立开放链接整合系统，以参考文献为线索整合图书馆各类数字特色资源；第四，建立整合检索系统，为用户提供同时检索多个数据库系统的统一界面，进而提供"一站式"的检索服务。

第三节　数字特色资源的建设原则

图书馆学之父阮冈纳赞认为，每个图书馆都应该按照自己独立的发展目标，而不应采取统一的模式。目前，馆藏文献量和图书馆建筑规模已不再是衡量图书馆水平的绝对尺度，图书馆的藏书再多、楼宇再高，但如果没有特色资源，读者找不到他所需要的文献资料，那么图书馆只不过是藏书楼或者一座标志性建筑而已。

特色就是你无我有、你有我全、你全我新。图书馆的特色表现在环境特色、馆藏特色和服务特色三个方面。建设特色馆藏资源就是拥有其他图书馆所不具备的独特风格的文献，特色馆藏一般具有永久保存和完整服务的价值。具体而言，特色资源建设包括五个方面的内容：一是搜集和开发具有某种优势的信息资源；二是对所收集的文献进行深加工，形成一批质量较高的二、三次文献；三是重点学科、重点课题，对国内外相关研究领域的新观点、新思潮、新动向进行跟踪，提供定性、定量的专题报告和论点汇编；四是对特色资源进行数字化加工，充分发挥自身的文献资源优势，建设好本馆的特色数据库；五是建设大学文库。

图书馆事业是一项古老而常新的事业，而特色资源建设是信息时代赋予图书馆的责任和机遇，也是网络环境下图书馆仍然充满生机和活力的佐证。同时，特色资源又在一定的历史条件下，随着时间的推移而逐步积累沉淀，形成优势，具有相对独立的稳定馆藏，一旦形成特色，就要巩固、健全和发展，尤其是在新的网络环境下，更应该坚持走特色建设的道路，以促进图书馆事业快速、健康地向前发展。

一、思想性原则

国家把文化建设放在十分重要的位置，强调推动社会主义文化大发展和大繁荣。这充分体现了我们党对时代发展趋势的深刻认识与把握能力，反映了我们党在新的历史条件下加强文化建设的高度自觉性。推动社会主义文化大发展大繁荣，就要求我们自觉适应经济社会发展对文化建设的新要求和人民群众对文化建设的新期待，掀起社会主义文化建设新高潮。在文化建设的过程中，图书馆承担着十分重要的责任与任务。因此，图书馆在资源建设中应主动适应社会主义文化建设的基本要求，收藏有利于人们树立正确的世界观、人生观、价值观，形成良好社会公德的文献资源，如学术价值和艺术价值高的文献资源，并要充分发挥馆藏文献资源对人们世界观、价值观及行为方式形成的积极作用，以体现馆藏文献资源建设为社会主义文化建设服务的思想性原则。

二、科学定位原则

在信息资源共享的今天，图书馆的建设应该准确定位，建设有特色的数字图书馆，尤其是地方高校，更应该建设有特色的数据库，只有这样，才能显示出自己的独特性。如果没有自己的特色，盲目建设，就会造成重复建设，导致极大的资源浪费。因此，高校图书馆应该根据学校的学科建设及当地的文化进行科学定位，建立属于自己特色的数字资源，使自己在现代图书馆的竞争中处于有利的地位。公共图书馆数字资源建设应该立足于本地的经济和文化特点，以各类文献开发和数据资源建设为核心，建设和整合本地区特色产业的数字资源，更好地为当地的经济、政治、文化服务。

三、不可替代性原则

特色性大型综合数据库的特点是"大而全"，不足是"多而杂、多而散"。因此，特色数据库建设必须集中人力、物力、财力，最大限度地去穷尽有关"特色"文献信息的发掘，形成内容独特、组织系统、使用便捷的特点。

四、实用和特色原则

从本质上说，数据库只是工具层面的东西，实用和具有特色才是其根本目的。建设特色数据库，应体现现有图书馆的特色。所以，在确定选题时应注意，特色资源建设的项目选题是否注重面向地方社会经济和教学科研发展的实际需要，同时也从读者使用、读者数量和特色资源质量的角度，优先保障重点学科，最大限度地满足用户需求。

五、共享和先进原则

所谓信息资源共享，指的是在特定的范围内，在平等、自愿、互惠的基础上，通过建立图书馆与其他相关机构之间的各种合作和协作关系，利用各种方法、技术和途径，共同建立和利用信息资源。特色数据库是文献资源保障系统建设中的重要内容，在用户信息需求不断增长及网络数字资源迅猛发展的形势下，要满足用户的信息需求，扩大自身生存空间，必须走共建共享的道路。图书馆进行数据资源建设时，要根据现有的资源状况结合馆内优势和特色，在对信息资源进行深度开发的基础上，建设自己学科特色的专题信息资源数据库，才能实现资源优势互补，才能最大限度地实现信息资源的共享。建设数据库时，要考虑数据库是否代表当地水平，在国内外有无较高学术价值；能否在较长时间内保持国内领先地位，对某重点建设项目、重点学科建设的文献保障，是否具有填补空白的作用；对社会发展和经济建设有无促进作用。图书馆之间必须加强沟通和合作，通过交流达成资源共建共享共识，通过合作进行大规模的数据库建设，避免重复建设。

打破各部门各自为政的局面，实行分工协作、联合建库。在建库的过程中，一定要采取先进的规范和技术，按元数据标引格式规范、文献著录标准、检索功能等一系列标准要求来建库，最终达到与全国图书馆实现资源共建共享的目标。

六、标准化和通用性原则

数字资源的加工和数据库的建设存在着一系列的数据格式标准和元数据规范，因此，建库前必须注意，为了实现资源有效共享，各承建单位在项目建设中必须遵循通用性与标准化原则，遵守网络传输协议、数据加工标准和有关文献分类标引、著录规则等要求，采用规范化的特色库援建模式和标准化的数据格式、库结构及检索算法，确保数字化产品的通用性和标准化，从而为共建、共享创造条件。根据国家有关文献著录和标引原则，统一的著录标准、标引方式，按照《中国图书馆分类法》对文献进行分类，对《中国文献编目规则》进行著录，并按照《中国分类主题词表》进行主题标引。尽量增强文献标引的深广度，扩大检索点，设立途径的检索方式，完善索引，规范机读格式，努力提高建库质量。除采用已有的国家标准外，还要注意同国际接轨，加强国内外检索的通用性。

七、系统性和准确性原则

在信息资源建设的过程中，要注意文献信息资源的系统完整和各类信息资源之间的相互联系，保障重点学科，也兼顾其他学科，逐步完善学科覆盖面，形成合理的信息资源建设体系。同时，也要考虑准确性，加工数据时应采取科学、严格的质量管理办法，而且一定要采用准确的原始信息，即一次文献，尽可能避免其错误，提高引用率和检准率。从可持续发展的角度来说，特色资源数据库还须经常更新和维护。平时要多收集数据库在使用过程中的反馈信息，及时对数据库内容进行替换、删除、修改和整理，确定合理的更新周期，使用户最早获取最新信息，以保持特色资源的生命力。

八、效益性原则

文献资源建设的根本目的是开发利用资源，使资源建设发挥出最大的使用效益。图书馆资源建设同图书馆的经济效益密切相关。资源建设得越好，图书馆提供给读者的就是越完善、越有用的文献资料，其发挥的社会效益同图书馆资源的建设程度成正比。

效益性原则是高校图书馆资源合理构成和配置的重要依据。图书馆资源的利用率是图书馆资源使用效益的最佳体现。图书馆应掌握不同层次读者的不同需求和需求变化，根据资源利用情况，及时、合理地调整资金投向，尽快实现资源共享，以提高文献资源的使用效益。

九、安全性与可靠性原则

图书馆在进行数字资源建设时，要对大量的数字资源进行加工、存储、传递和管理，并且利用网络为众多的终端用户提供各种信息服务。因此，系统的安全性十分重要。在建设的过程中，既要选择技术成熟、性能安全可靠的信息存储设备，又要采用先进的网络管理系统，以确保网络系统的安全性和数据的可靠性。

十、分工协调原则

从全局出发，统筹规划、分工合作、合理布局，有重点地进行资源建设，体现整体优势，以管理中心为基础构建二级联合保障体系，形成具有较强整体功能的信息资源体系。

十一、产权保护原则

建设一个数字图书馆必须尊重信息资源知识产权。数据库的建设是一项系统工程，知识产权保护是其核心内容之一。知识产权保护贯穿于数字资源加工、组织、管理、传播和使用的各个环节。特色文献数据库的建设应根据不同类型文献存在的法律形态，充分尊重不同著作权人的授权意愿，采取区别对待的原则，为信息资源的有效共享与利用奠定基础。特色数据库的建设必须严格遵守国家知识产权保护法，所有数据来源要产权清晰，发布的一切信息必须符合知识产权保护的要求。

第四节 高校图书馆数字特色资源建设的策略

一、高校图书馆数字特色资源建设的可行性

（一）丰富的馆藏特色文献为特色数据库的建立打下了良好的基础

全国各系统、各级别的图书馆，经过多年建设，在馆藏文献信息方面都各有所长、各有特色。因此，各图书馆应该以资源共享为原则，根据本地区、本院校、本系统的特点，建立特色数据库，为社会提供特色服务。首先，众多专业图书馆由于各有其特定的服务对象，其馆藏文献信息各具特色，建立特色数据库有着得天独厚的条件；其次，许多公共图书馆根据其所在地区社会经济发展的需要，广征博采，在其藏书的学科领域、收藏级别及文献类型和结构等方面，已经形成为本地区所需的具有各地方特色的文献藏书体系，其地方文献资源非常丰富。

（二）信息技术的发展和大多数图书馆自动化、网络化的实现

计算机一次性输入、多途径输出的功能，以及自动识别与排序的功能，使文献信息的编排检索变得更加方便、更加快捷。电子扫描技术有效解决了以前人工抄写和键盘输入存在的人力、物力消耗高，数量、质量水平低等实际问题，使得报刊上的各种文献信息得到更快捷、更充分的揭示和利用。随着知识时代的到来，各高校图书馆也越发重视馆员综合素质的提高。在人事方面，实行岗位聘任制，并且不拘一格选用人才。在引进有关电子信息技术新人的同时，注重老馆员的现代信息技术培训，营造一个良好的学习氛围，使整体水平均衡提高，为满足自建特色数据库创造人才条件。

二、高校图书馆数字特色资源建设的必要性

(一) 数字特色资源建设是高校图书馆建设的需要

高校图书馆数字特色资源建设在高校的教学、科学研究和人才培养等方面发挥着非常重要的作用。高校图书馆数字特色资源建设超越了时空的限制，使人们足不出户就可以获取自己所需要的文献信息，因此数字图书馆用户的多少就成为评价高校数字图书馆的一个重要指标。数字图书馆只有突出资源特色，才能在新的信息环境中更好地体现自身的价值，扩大自身的影响。

(二) 数字特色资源建设是高校图书馆资源建设的必然选择

由于各高校的学科设置、所处地域与人力资源结构不完全相同，各高校数字图书馆都会形成自己的特色资源。高校数字图书馆应根据本校的教育对象、办学特点、重点学科及专业的教学、科研工作的需要，对文献信息进行重点收藏与重点建设，形成独具特色的馆藏文献信息资源。本院校的专家、学者、教授、博士研究生及硕士研究生的学术著作、科研成果、学术论文、教材讲义及本院校的学术会议材料，均可作为本校的特色资源，进行收集、整理、开发与利用。这些均是高校数字图书馆建设不断发展、完善的必然选择。

(三) 数字特色资源建设使高校图书馆特色馆藏成为必然

图书馆数字特色资源表现在很多方面,但最能体现办馆特色的还是馆藏特色,它是数字图书馆开展特色服务工作的基础。要加强特色馆藏资源建设，首先，要完成馆藏的中外文图书、报刊、光盘、电子期刊等资源的数据建设。例如，上海交通大学数字图书馆馆藏资源中的"电子资源整合"，使用户可以方便地找到所需要的电子期刊、电子图书、数据库等资源及期刊被收录的情况等。其次，在特色馆藏或专题数据库建设中，对本校博士与硕士研究生学位论文数据等特色馆藏或专题数据应考虑版权及人力、物力等可持续发展因素，有重点、有选择地与国内相关单位合作、共建共享。

（四）数字特色资源建设是高校图书馆个性化服务的基础

传统图书馆以印刷型文献为主的馆际互借、合作采购、联机编目及书本式目录的交换和文献信息资源服务受时间和空间的制约，利用率较低。随着科学技术的发展，传统的图书馆服务已经远远无法满足用户的需求，因此，数字图书馆服务势在必行。数字图书馆具有高度的共享性，能够通过网络对文献信息资源进行存储、检索和传递，快速地为用户提供世界各地的文献信息资源。图书馆的个性化服务，产生于用户对个性化文献信息的需求。通过个性化服务，可以满足用户的特性需求，促进数字图书馆开发特色资源。特色资源建设具有体现馆藏文献信息资源特色、为用户提供个性化文献信息服务、实现资源共享等特征。总之，要根据本馆的性质、任务、条件和读者需求，明确把握自己的馆藏定位，确定本馆数字资源建设的目标、内容、程度和方式，制订出长远的计划，从点滴的积累开始，逐步形成自己独有的数字资源。只有将各具特色的数字资源整合在一起，才能形成内容丰富的、覆盖众多学科的、满足不同需要、形式多样的数字资源群，才能使数字图书馆的个性化服务得到更好的发展。

三、新数字时代图书馆资源建设所面临的变革

从 ENIAC 到"大智移云"，人类一步步地走进了一个崭新的数字时代。在新数字时代中，以计算机和网络为代表的信息技术迅速发展，信息的生产、存储、组织、检索及传播的方式和手段都发生了革命性的变化，这种变化深刻地影响着图书馆的工作内容、工作方式乃至存在形态。而在图书馆的资源建设方面，受到这种变化的影响更为直接。在新数字时代，图书馆资源建设不仅在方式和手段上发生了改变，而且资源的类型和性质也都发生了本质性的变化。具体变化有以下三点：

（一）资源性质的变化

目前，对图书最为权威的定界是"以纸张为载体材料，记录与传播知识，具有完整装帧形式的非连续性出版物"。在长期的图书馆发展历史中，图书一直是图书馆主要的甚至可以说是唯一的资源。"藏书"这一在我国先秦时期就已经出现的一个古老的概念和社会文化现象，一直是图书馆主要的甚至是全部的活动。

　　"藏书"就是在固定的图书馆空间内尽可能全面地收集图书，并妥善地收藏与保管，因此，图书馆界将早期的图书形态概括为"藏书楼"。随着工业化的发展，特别是近现代印刷术与造纸术的广泛应用，图书的种类与数量日益增多，图书馆已不可能实现对全部文献的收集。因此，图书馆资源建设活动由"藏书"演变为有计划地、科学地、选择性地搜集文献，业内将其概括为"藏书采访""馆藏建设""藏书发展""馆藏发展""藏书建设"等。在近现代，图书馆的形式发生了革命性的变化，但是，图书馆资源的性质并未发生任何实质性的变化。资源性质的改变开始于 20 世纪中叶，造成图书馆资源性质发生改变的最主要、最直接的原因是现代信息技术的发展。换言之，数字时代使得图书馆资源的性质发生了革命性的变化。

　　20 世纪 80 年代，微缩资料、音像资料、机读资料等"新型载体文献"大量涌现，成为图书馆馆藏资源的新形态。单一的"藏书"和"藏书建设"的概念已经无法涵盖图书馆"资源"与"资源建设"的多样性，因此，"文献"与"文献建设"成为图书馆"资源"与"资源建设"的通用称谓。

　　20 世纪 90 年代以后，由于信息技术的突飞猛进，尤其是互联网的普及、数字化技术的广泛应用，使图书馆的"资源"与"资源建设"发生了革命性的改变。首先，随着信息化进程的加快，各种形式的电子化或数字化信息迅速地涌入图书馆，它们和文献资源一样，成为图书馆资源的一部分。虽然目前在大多数图书馆中，文献资源仍然是主要的信息资源类型，但是它与数字资源此消彼长的趋势已不可逆转；其次，网络的发展与普及使其不仅成为信息的传播渠道，而且由于其广泛的覆盖范围和高校的传播速度，也可被近似地看作是一种资源，一种几乎等同于"实体资源"的"虚拟资源"，与"实体资源"一样成为图书馆资源的有机组成部分。从此，图书馆"资源"与"建设资源"都发生了变化，逐渐演变为"信息资源"与"信息资源建设"，资源的性质也因此发生了根本性的变化。

（二）资源类型的多元化

　　目前，在我们所处的数字时代，信息是一种重要的资源已经成为共识。但什么是信息资源，国内外学术界并未形成统一的看法。一般来说，对信息资源有两种理解：一种是狭义的理解，即信息内容本身；另一种是广义的理解，指的是除信息内容本身外，还包括与其紧密相连的信息设备、信息人员、信息系统、信息网络等。图书馆行业一般是从狭义的角度理解信息资源，但是，由于行业与学科的继承性，行业内的关注焦点主要在信息内容的载体上，以此为中心扩展到广义的范围。

在农业时代，技术发展落后，无论是中国的《永乐大典》《四库全书》，还是西方的亚历山大图书馆藏书，虽然是倾全国之力，但文献资源依然数量稀少、类型单一。在工业时代，造纸与印刷技术的发展以及普遍的知识需求，促进了出版行业的繁荣，图书馆的资源也由单一的"手抄"或"刻本"古籍发展为按出版形式区分的多元化的资源形态。图书、报刊、科技报告、学位论文、专利文献、政府出版物、标准文献、产品资料、地图、乐谱等充斥着图书馆的空间，丰富着图书馆的馆藏。20世纪中叶，微缩文献与视听文献的发明与普及，敲响了图书馆资源转型的先声，图书馆资源建设突破了传统印本文献的局限，经过多元化文献资源，向多元化信息资源发展演变。

在数字时代，图书馆资源分为实体与虚拟两种形态。实体资源是记录在一定的物质载体上的，包括刻写型文献、印刷型文献、微缩型文献、视听型文献，以及以数字化形式将文字、图像、声音、动画等信息存储在磁光介质中的数字化信息资源。虚拟资源借助先进的信息生产、存储与传递技术，将各种各样的信息以数字化形式在网络环境中构建一个虚拟的信息空间，最大限度地实现信息资源的共建、共知与共享。虚拟资源包括电子出版物、数据库、网页、OA资源及博客、微博、播客等Web2.0资源。虚拟资源的出现使得图书馆赖以生存的物质基础——信息资源突破了物理形态的限制，资源数量急剧增长、资源形态更加多元化，从而使信息资源建设工作面临着前所未有的机遇与挑战。

（三）资源建设方式的变革

在长期的图书馆实践活动中，文献采访一直是图书馆一项最重要的基础性工作。在长期的采访实践中形成了完整、系统的采访理论与方法，以及成熟的资源建设方式。但是，在数字时代，传统的资源建设方式会产生革命性甚至是颠覆性的变革。

传统的文献采访主要是图书的采访，而工业革命后，随着科学技术的日新月异和飞速发展，报刊资料因其出版周期短、内容更新及时，成为承载信息内容的又一重要载体，也成为图书馆搜集、保存的另一主要资源。随后，科技报告、学位论文、专利文献等特种文献也加入了图书馆的馆藏"队伍"。图书、报刊等文献的建设都是以纸质印刷型实体文献为主，因此，图书等纸质文献出版目录或来源于线索的搜集，图书、报刊等品种数量的筛选、预订、现购、邮购、征集、交换等采购行为一直是图书馆资源建设的唯一方式。在长期的图书馆实践活动中，资源建设的方式虽然也在不断地发展，例如，计算机等信息技术的使用实现了采访工作自动化、依托图书馆联盟实现了集团采购（或称为图书文献资源大宗交易）、适应行政体制改革开展了招标采购等变化，但采访的方式并未发生实质性的改变。

实质性的变革是什么，目前还不确定，但关于"存取"与"拥有"的讨论，为变革的方向提供了头绪。以资源的实际拥有为目标一直是图书馆信息资源建设的基本模式，但是在数字时代，图书馆所面临的信息环境发生了颠覆性的变化。第一，信息数量激增与单一图书馆有限的收藏能力之间产生了尖锐的矛盾；第二，由于信息技术的迅速发展，尤其是网络环境的形成，使信息的传播突破了时空的限制。这两个明确的发展趋势引发了图书馆行业关于"存取"与"拥有"的讨论。数字时代图书馆的资源建设方式会同时包括存取与拥有两个层面。

在拥有的层面，将继承和发展传统的资源建设模式，所建设的资源范围会无限扩展，主体资源依然是纸质文献和数字资源，但会以数字资源建设为主。数字资源的建设方式除了继承传统的建设方式外，还会更加侧重资源的选择与评估，基于数字资源评估指标体系的资源选择会成为资源建设的常用方式。另外，在数字资源的建设中，会发挥图书馆联盟的作用，采用集团采购，即大宗交易的模式。此外，自建资源在馆藏资源中所占比重也会逐渐增大，例如，特色文献数据库建设、机构库建设会成为数字时代文献建设的日常内容。

在存取的层面，图书馆会通过搜索引擎、学科导航库、资源发现系统等，对海量的网络资源，如网页、博客、社交空间、OA资源等进行选择、索引并提供服务。在资源建设存取的层面，大数据、云计算、本体、关联数据等前沿技术会大量采用，建设的方式会随着现代信息技术的飞速发展而不断创新。

总之，图书馆是一个发展着的有机体，其发展与所处的时代息息相关，并受所处时代、所给条件的制约。现代信息技术的发展将人类带入数字化信息时代，时代的变革既为图书馆的发展带来了机遇，同时也带来了挑战。物竞天择，适者生存，只有每个从业者都关注这场变革，去迎接新的机遇与挑战，才能使图书馆在信息时代的大潮中不被淘汰，实现跨越式的发展。

四、高校图书馆数字特色资源建设的思考与对策

（一）坚持特色资源的实用性和原则性

高校图书馆的数据库既要实用，又要具有特色。图书馆建设特色数据库，应该体现本图书馆的特色。在选题时，应该注意数据库是否代表当前学科资源的先进性或当前学科的学术价值，能否在比较长的时间内保持特色资源的存在性，对某些重点建设项目、重点学科建设的文献保障，是否具有填补空白的作用，对社会发展和经济建设是否具有促进作用。

（二）注重人才培养，加强技术型人才引进，提高信息资源服务水平

目前，高校图书馆建设中的数字特色资源构建的重要性越来越突出。怎样才能更好地服务读者、吸引读者使用图书馆，数字资源的引入及二次深加工等，都在很大程度上决定了读者的利用率。因此，仅有图书馆业务知识的馆员已经不能满足图书馆的需要，而对于熟知计算机、数据库或者编程的技术人员，则应该加大引进力度，使其快速加入图书馆的队伍当中。近年来，各个图书馆都加强了技术型人才的引进工作，数据库的二次开发，自建数据库、特色资源库的建设都离不开他们的努力。

原生文献信息资源是需要人们去不断积累和建设的，而馆员素质的高低，对文献资源的建设起着决定性的作用。要解决技术人才短缺的难题，应当从两个方面着手：一方面，图书馆在争取学校支持的同时，适当引进自动化管理专业人才，或者寻求学校其他信息服务部门的合作，为图书馆提供技术支持；另一方面，考虑到目前的实际情况，图书馆想要留住优秀的人才并不容易，因此，重点还是应

该放在自我培养上面。应尽可能地为本馆工作人员的继续教育和技术培养创造条件，使图书馆员的专业结构向多元化发展，尽快培养出既掌握计算机软件硬件技术，又懂得图书情报专业的复合型人才。

（三）特色资源建设的资金投入应加大，提高宣传推广的力度

目前，特色馆藏具有稀缺性、排他性和学术独特性的特点，在一般情况下，应通过纸质文献与电子文献、实体馆藏与虚拟馆藏、馆际互借与资源开发的结合，逐步建立具有特色的馆藏资源体系，使馆藏信息资源配置合理化、数量最大化和利用高效化，从而满足读者对特定知识的需求或实现某些特定的目标。但这都需要大量的资金投入和后续费用的维持。因此，高校图书馆应该最大限度地发挥馆藏特色资源的利用价值，实现馆际互借和网上信息资源的共享和共存互补，充分发挥图书馆信息服务的整体效应，扩大特色资源的宣传和推广服务工作，使越来越多的人了解特色资源，使用特色资源，从根本上达到图书馆服务读者的目的。

针对院校人才培养的特点，汲取近年来馆藏建设的经验和教训，高校图书馆应在充分考虑校情和馆情的基础上，争取学校领导的支持，制订切实可行的原生文献信息资源建设规划，并将其纳入整个学校的建设发展规划中，从而争取更多的资金投入。没有经费的支持，规划就失去了存在的意义。只有经过一段时间的稳定建设，高校图书馆的原生文献信息资源才能符合结构合理、实用性强、能适应教学科研需要的要求。

（四）坚持数字信息资源的自主权

数字信息资源的独有特征——共享性，使其不像物质和能源的利用那样表现为独占性。但是，在市场机制的作用下，数字信息资源的保护问题相当敏感，其中最为突出的就是版权保护，它涉及如何保护作者、资源建设者和用户的合法权益。据世界知识产权组织统计，大约有130个国家和地区的著作权法以各种方式规定了对数据库的著作权保护，许多国际多边条约和区域性条约对此也做出了规定。因此，在数字图书馆特色资源的建设过程中，一定要坚持数字信息资源的自主权。

（五）加强民族文献的收集和整理，加快民族文献特色数据库的建设

民族高校图书馆的特色馆藏数字化建设依赖于资源共享平台，但是，目前只有少数大学承应了我国高校文献资源保障体系 CALIS 的重点学科专题数据库的建设工作，例如，内蒙古大学的蒙古学特色数据库是 CALIS 项目资助的特色数据库之一，在蒙古学的建设与揭示方面具有一定的学科导航意义。此外，西南民族大学、中南民族大学对民族网站做了相关链接，吉首大学对海外中国学网站做了链接。但是，从整体上看，普遍缺乏对网上动态信息资源的跟踪、评价、揭示。因此，民族高校图书馆要遵照 CALIS 的技术标准与规范，选择一个合适的信息加工平台，加强与联盟馆的协调与合作，用统一的标准建设有所分工、各具特色的数字资源库，真正实现信息资源共建、共知、共享。

（六）统筹规划、合理安排，加强特色资源的整体规划，减少重复建设

特色数字馆藏的可持续发展能力决定数字图书馆的生命力。图书馆要在丰富的、可靠的、持久的、适用性强的数字资源中挖掘特有的内部资源，并将其保存、转化为特色数字馆藏，同时，还要加强馆际合作与交流，有计划、有组织、有步骤地建设数字馆藏。图书馆特色资源建设应充分发挥本馆资源优势，通过统一的协调管理，采取分工协作、联合建设的工作方式，不断更新和丰富各种特色资源内容。

（七）实现资源的共建共享，提高利用率，减少资源浪费

互联网的快速发展，改变了高校用户以往的信息获取方式，信息资源共建共享及高校图书馆利用网络满足用户需求显得越来越重要。因此，需要建立区域性高校图书馆信息资源共建共享体系，开展联合咨询与开发，提升图书馆的核心竞争力，更好地为用户服务。

在原生文献信息资源建设的过程中，高校图书馆一定要打破陈旧观念，进行开放式建设。也就是说，如果读者对图书馆的信息资源不知道、不会用、不熟悉，

那么原生文献信息资源的建设不但是一项极大的浪费，而且还会给以后的发展带来非常不利的影响；反之，读者对图书馆的利用越充分，获得的信息越多，获益也就越大，对图书馆工作就越是重视和支持，原生文献信息资源建设的进展也就越能得到保障。因此，图书馆必须加大对读者用户的教育力度，培育读者的信息意识和利用文献信息的技能，让读者充分了解各种原生文献信息资源的用途，培养他们使用这些资源的兴趣。此外，还应该对读者进行恰当的指导，提高读者获取信息的能力，使他们感受到图书馆特色资源的重要性，以及从中获取解决问题所需要的信息的便利和乐趣。

第五节　高校图书馆数字特色资源建设的积极意义

21 世纪是知识经济时代，任何一个数字图书馆都只是全球性信息库——互联网中的一个小节点，信息资源不受时空的限制，它面向世界、服务于世界。因此，在信息时代，数字图书馆如果没有特色信息资源，就无法吸引读者，无法在互联网中承担部分职能，也就失去了存在的意义与价值。特色就是优势，特色就是竞争力，特色就是生命力，只有坚持走"专而精"的特色化道路，才能实现持续快速发展，才能在信息化社会中立于不败之地。高校数字图书馆也是社会化信息化工程的重要组成部分，在数字化建设过程中，应结合本校的办学定位、学科建设、科研重点，充分利用人才优势与资源优势，建设有本校特色的数字馆藏，形成多学科、多层次、优势互补的文献资源格局，开展特色服务，以便于更科学、更合理地利用文献资源，实现全国乃至全球范围内的资源共享。

数字图书馆建设的意义深远，特色化建设道路是其发展的必然趋势，各高校图书馆应抓住机遇，建设好有本馆特色的数字图书馆，为学校及社会提供优质的信息服务，促进我国信息化事业的发展。高校数字图书馆特色资源建设的意义主要有以下七点：

一、有利于图书馆藏书观念的转变

长期以来，高校图书馆的馆藏建设一直秉承"大而全"的原则，藏书建设以

"自给自足"为目标，每个高校图书馆都试图把自己建设成为一个包罗万象的知识储藏殿堂，普遍拥有"你有他有，不如我有"的心态，这就造成了各个高校图书馆之间出现馆藏"你有他有我也有"的局面。然而，信息时代的到来及图书馆特色资源的产生，使得图书馆变成相互联系的节点，各个图书馆比以往任何时代都联系得更加紧密。随着高校图书馆特色资源越来越得到重视，人们已经意识到，陈旧的图书馆馆藏建设观念已经不再适应社会新的发展和变化，也不能满足指导图书馆更广阔的资源建设的要求。

二、有利于增强高校图书馆的核心竞争力

高校图书馆作为高校建设与发展的"三大支柱"之一，是为高校教育与科研服务的学术性机构，是人类文化传承和文明社会建设的重要力量，在高校复合型人才培养和深层次学科理论研究中，具有举足轻重的地位和作用。然而，随着知识载体的智能化、电子化，信息传输的网络化、全球化，高校图书馆正面临着前所未有的冲击和挑战。面对这样的环境，高校图书馆应该根据各自的功能定位，确定主导方向，选择读者需求量大的、其他图书馆没有的或者不同的文献资源，从而建立起具有自身特色的文献资源保障体系，增强图书馆的核心竞争力。这样才能在竞争激烈的信息时代，在文献资源共享中体现自身的价值和优势，求得生存、获得发展。

三、有利于增强高校图书馆资源配置的合理性

在信息时代，面对知识激增、信息无限增长、各种载体文献不断增加，而经费预算却短缺的局面，图书馆该如何取舍？是减少复本的数量，还是保期刊减图书？事实上，一味"求全"解决不了根本问题。只有从各个图书馆的实际情况出发，将有限的经费进行合理分配，保障图书馆特色资源的重点投入，减少在非图书馆特色资源上的支出，把自身的特色资源建设成一个相对完备的文献信息保障系统。图书馆特色资源的形成，能够有效地减少现有图书馆馆藏重复建设的现象，通过资源共享，大大缓解某些资源短缺的矛盾，使图书馆资源布局逐步合理和优化。[①]

---

① 季晟，雷振华. 浅谈高校图书馆的特色资源建设 [J]. 农业图书情报学刊，2010(3)：53-55.

四、推动了图书馆建设从资源组织到资源服务上的变革

高校图书馆在长期的馆藏资源建设中，根据自身的性质、任务和学科建设、科研方向等，确定了自己的资源建设重点和原则，从而形成了图书馆自己的核心学科结构体系和馆藏资源特色。进行特色文献资源数字化、建设特色资源数据库，是高校图书馆进行文献资源深层次开发，将馆藏特色资源与用户的特定需求有效结合并提供特色服务的重要手段，推动了图书馆从资源组织到资源服务的重大变革，它不仅展示了图书馆的个性，也成为图书馆提高信息服务竞争力的重要品牌。同时，它也是将馆藏文献资源结构进一步重组，加速数字信息成为学术信息主流形态的转变和营造网络成为用户信息利用的主要环境的重要举措，更是当前社会主义先进文化繁荣与发展不可或缺的重要组成部分。

五、加速了人文素养与科学精神的融合

为适应信息社会的发展，提升文献信息服务水平，近年来，高校图书馆积极推进数字化建设，尤其是将一些各具特色、凸显地域特点的传统文献进行数字化，由印本时代的社会记忆保存功能为主，转变为数字时代的信息全球化服务的提升，让现代技术与人文精神完美结合，让传统文化始终与时代共振，使科学精神与人文素养真正融合，这是人性化服务的一次飞跃，将对服务于当代文明发挥不可替代的重要作用。

在数字化时代，公众的人文精神不仅是传统文化意义上"格物、致知、诚意、正心、修身、齐家、治国、平天下"的回归与重塑，更应体现在适应 21 世纪、新时代人类社会面临的深刻变革意义上的一种新的人文情愫——人文素养与科学精神的真正融合——在移动数字化时代寻觅传统文化精髓的根须，展现生态文明社会包容性发展的核心价值。

六、有利于促进图书馆信息资源建设转型

互联网技术具有较高的技术含量。现阶段，该技术在很多领域得到了广泛应用，并取得了良好效果。互联网时代到来，给高职院校图书馆信息资源建设提供新机遇，使其在建设中能够有强大的技术支撑。因此，高职院校图书馆需要紧紧

抓住这一机遇，可以凭借新兴的互联网科技，对相关信息资源进行深入挖掘，进而对信息资源化优化升级，促进图书馆转型。与此同时，不仅大幅度提高了信息资源整合的有效性，也对信息资源数据化、网络化的实现起到了良好的推动作用。

七、促进读者对图书馆信息资源的利用

高校图书馆数字特色资源的建设，可以促进高职院校图书馆资源的有效利用。并且将其与大数据等科学技术结合起来，能够丰富信息资源、创新检索方式，提升使用体验，与当前图书馆的发展相适应。而且对文献资源的储存调用形式也进行了改革，大力推动了数字信息资源建设，一方面，有利于提高高职院校信息资源管理效率与质量，降低相关人员工作强度。另一方面，能够为用户提供个性化且精准的服务，使其能够对图书馆信息资源进行合理高效的利用，同时也为用户提供了更多的优质资源信息，充分发挥了图书馆的作用，对高职院校教育质量的提升也具有积极的作用。

当前，高校图书馆数字化特色资源建设已经取得了一定的成效。通过对国内高校图书馆数字化建设的调查研究发现，目前大部分高校图书馆已经建立了数字化资源，其中包括电子期刊、电子图书、数字化文献、数字化图片等。这些数字化资源已经广泛应用于高校教学、科研和学术交流等领域，为师生提供了极大的便利。一些高校图书馆还在数字化特色资源建设方面进行了一些新的尝试和实践，例如开发数字人文资源、数字化地方文献资源等。这些举措都丰富了数字化特色馆藏资源的内容，不断提升了高校图书馆的服务水平。

未来，数字化特色资源建设将朝着更加多样化、智能化的方向发展。数字化特色馆藏资源将向更加多样化的方向发展。传统的数字化资源主要是以电子期刊、电子图书为主，未来还将涌现更多的数字化特色资源，如数字化地方文献、数字化音像资料、数字化手稿、数字化考古文物等。这些资源将更好地反映高校图书馆的特色和文化底蕴。数字化特色资源将向更加智能化的方向发展。随着人工智能技术的发展，数字化资源的管理和利用将更加智能化，可以针对读者的需求推荐相关资源，提高资源的利用率和阅读体验。数字化特色资源的建设还将借助先进的信息技术手段，实现更好的文献资源整合和交叉检索，为读者提供更全面、更便捷的服务。

第六章 高校图书馆数字资源管理与服务创新

第一节 高校图书馆数字资源管理

一、高校数字图书馆信息资源管理工作的发展策略

随着我国经济建设、科学技术的不断发展，为满足社会对信息需求的不断增长，现阶段，以数字图书馆、电子图书馆等新形态图书馆的信息共享设施已经投入到各大高校教学活动中。与传统纸质图书相比较，数字图书馆的藏书量更为丰富、更新速度更快、信息形式多种多样，更大程度上满足人们对信息资源使用方便化、快捷化需求。数字图书馆是适应科学技术发展而产生的，具有较为广阔的发展前景。

（一）建立健全管理制度

管理是图书资源信息运转和发展的必备手段，是图书馆生存壮大的关键所在，建立健全管理制度是达到预先设定的目标的前提和基础。具体可以分为以下两个方面：第一，加大对数字图书馆管理体制的开发研究，基于我国数字图书馆管理的现状和纸质图书管理的有效经验，结合数字图书的特点研究开发数字图书馆管理的制度、方法；第二，加强各大高校管理体制开发现状、开发经验的讨论交流，在开发研究中，可以采用竞争激励机制，政府对开发研究取得一定成效的高校给予奖励表彰，有利于激发各大高校开发的积极性，加速传统图书馆向数字图书馆的转变。

（二）实行资源共享

资源共享是资源优化配置的具体体现，是实现资源有效利用的重要途径。在图书资源管理中，应当加大图书资源使用的效率，实现资源共享；另一方面，各大高校应当具有相互协调、互相发展的共享意识，形成统一的规划组织、标准、规范，应该定期开展图书互借，加大合作力度。另外，图书资源共享还应当形成特定的共享体制，在数字图书馆管理中，充分利用网络、互联网等现代化设备，最大限度地提高资源的使用效率，实现资源共享。

（三）合理使用经费

经费管理是数字图书馆管理必不可少的一部分，是图书管理的中心问题。经费管理状况在一定程度上影响图书资源利用的效率、资源共享的效果。在图书购买中，尽可能地避免大量重复图书的购进，全面结合学生用书要求现状，购进学生喜欢的热门书籍，满足学生对学习、信息资源使用的需求。另外，还应当加大经费的集资，拓宽经费的来源渠道。政府教育部门应当加大学校购书的财政支出，各大高校还可以向企事业单位、社会团体开展图书经费请求赞助、捐赠等，与书店、书馆等图书资源地形成定期对接等活动。

（四）加强计算机管理，确保数字资源长期安全保存

计算机管理运用是图书管理的一个重大发展，也是加强数字图书馆运行的有效措施。制定一定的借书证、对图书的出借制定严格的手续程序，对图书保管不当、延误图书归还期限的学生要求相应的经济赔偿。还可以借鉴计算机安全系统，利用高科技技术，开发研发计算机图书管理的木马查杀、系统修复、漏洞修补等杀毒设施、安全卫士软件，确保数字图书馆管理系统的安全性和可靠性。完善相关的计算机安全管理法律文献、法规制度，加大对数字图书系统搞破坏的网络不良分子的打击力度、惩治力度。

总之，随着科学技术的进步，高校图书馆信息资源的管理得到一定发展。加

强信息资源管理有利于增强数字图书的运作效率，明确发展方向，提高图书使用的经济效益，实现资源共享最佳状况。

二、基于知识管理的高校数字化图书馆建设研究

现代信息技术对高校图书馆的发展产生了深远的影响，使得高校图书馆信息服务的机制、结构以及服务手段发生了巨大的变化。数字化图书馆正是在这个背景下产生的一个全新的概念，它是一个经过筛选的、有特定用户群的、资源得到有效控制的、知识管理工具配备齐全的数字知识资源供应中心，能为用户方便、快捷地提供信息的高水平服务机制。知识经济时代的出现和现代信息技术的发展，使得知识管理融入数字化图书馆成为一种趋势。鉴于此，对知识管理环境下的高校数字化图书馆建设进行深入的研究具有重要的理论意义和应用价值。

（一）数字化图书馆知识管理的模式和策略

1. 高校图书馆开展知识管理的必要性

数字化图书馆引进知识管理的目的是实现知识的价值和服务的价值，不仅要对知识信息的收集、存储、整理与传递进行高效率的管理，而且要把握知识间的相互联系，用创造性的劳动创造出新的知识去满足读者的需求。首先，知识管理是扩展深化数字化图书馆服务功能的需要。由于高校图书馆的读者素质和层次相对较高，读者所需要的不仅仅是信息，而是迫切地需要解决问题的知识，要为用户提供高效、优质的服务，就必须实施有效的知识管理。其次，知识管理是数字化图书馆提升管理功能的需要。高校数字化图书馆是一个多媒体网络和海量信息管理系统，应用知识管理对海量信息进行序化组织就成了一种最佳选择。最后，知识管理是图书馆保持竞争优势的重要因素。知识管理作为一种崭新的管理理念和管理模式，打破了原有的文献管理对数字化服务的束缚，而知识作为一种独特资源是构成数字化图书馆持续发展和保持竞争优势的核心要素。

2. 数字化图书馆知识管理的主要模式

（1）数字化图书馆的知识生产与组织模式

知识组织是通过对社会客观知识的整序、加工以满足某种主观需要的过程；知识生产是建立在知识组织基础上的，研究和创造新知识的过程。

（2）数字化图书馆的知识营销模式

主要包括市场传播、宣传传播、教育传播三种，其中市场传播是通过知识产品在知识市场中表现出商品的价值和特性；宣传传播通过产品宣传来开辟市场，实现知识产品的商品价值；教育传播主要是针对用户在知识能力上的差异而采取的一种营销模式。

（3）数字化图书馆的知识管理运行模式

数字化图书馆组织机构由传统的固定等级模式向扁平的网络模式转化，建立激励机制和围绕目标的合作精神及团队意识，并通过先进的技术手段，以实现知识的快速扩散与传播利用。

（二）数字化图书馆知识管理实施主要策略

图书馆读者无障碍地按自己所需去充分利用知识是高校图书馆知识管理的目标。数字化图书馆知识管理的顺利实施可采取如下策略：

1. 建立有效的知识管理实施保障机制

通过建立知识型数字化图书馆组织结构来保障和促进馆员之间、馆员和读者之间的知识交流与共享。

2. 建立完善的知识管理基础设施

借助现代信息技术建立一个能够与异地图书馆进行资源共享的技术基础设施，促进知识信息的共享与流通。

3. 进行数字化图书馆知识管理内涵建设

制定相应的措施激励馆员进行知识共享，营造图书馆知识共享的文化氛围，并鼓励多元化吸收各方面不同意见，达到创新知识的目的。

4. 重视开展知识开发和创新

知识创新是通过图书馆员的智力劳动，在现有知识水平、知识联系及对未来预测的基础上形成新知识的过程。只有在交流过程中，才能更好地完成知识的学习、利用与创新。

5. 建立学科馆员制度

学科馆员制度使得高校图书馆更好地融入学校教学、科研以及行政管理的各项活动之中，加速了信息资源的传递与交流。学科馆员制度的实施，不仅会有利于馆藏文献知识的深层开发和利用，而且也极大地方便和满足了教研人员对知识的需求。

（三）数字化图书馆的资源集成管理

1. 数字化图书馆集成管理的内容

数字化图书馆集成管理核心就是强调运用集成的思想和观念指导数字化图书馆的管理实践，促进各项要素、功能和优势之间的互补与匹配，从而最终促进整个管理活动的效果和效率的提高。数字化图书馆是一项复杂的建设工程，其集成管理的要素范围广泛，包括技术要素、人力资源要素、法制管理、标准化等方面。如何将众多力量协调组织起来，关键就在于标准化，需要多个标准之间的联系和协调，更需要建立有关的标准体系。

2. 知识管理与数字化图书馆资源集成

数字资源集成是实现知识管理的重要手段。总体来说，图书馆数字资源的处理分为书目式、搜索引擎式、面向知识管理的集成三个阶段。书目式集成阶段对数字资源几乎没有复杂的处理，只是将各种数字资源的名称、路径、说明等一一列出来。在搜索引擎式集成阶段，信息资源的数字化程度进一步提升，不同资源之间有了初步的关联，可以在统一的检索界面上检索多类信息。面向知识管理的集成使得信息资源逐步考虑不同用户的知识需求，建立面向知识服务的知识仓库，是一种理想的数字化图书馆资源集成模式。

3. 数字化图书馆资源集成方法

由于高校图书馆不同用户的需求存在差异，同一用户在不同时间的需求也存在差异，因此数字化图书馆资源集成存在不同的集成策略，包括面向主题的集成、面向问题的集成及基于知识地图的集成三种，在实践过程中可以考虑多种集成策略，实现高校数字化图书馆更加完善的知识服务。

第一，面向主题的集成：在数字资源时代，读者都希望检索时输入最少的词，得到最好的检索结果，不但能够查找和检索词直接相关的信息，还能发现其他与主题相通的信息资料；第二，面向问题的集成：不仅要对数字资源进行处理，而且包括对用户问题的引导和处理，待解决的关键问题包括标准问题库、资源的标引、提问的引导和修正；第三，基于知识地图的集成：首先应将有关知识分解成知识单元，然后将基本知识单元进行关联，最后才形成可用的知识地图。利用数字资源地图可以自动将各学科的知识单元进行关联，而图形化的连接方式可以让普通用户快速实现知识检索的拓展和关联。

（四）高校数字化图书馆的实施方法

1.高校数字化图书馆实施的主要工作

高校图书馆信息资源数字化项目是一项比较复杂的系统工程，项目规划是整个系统工程的第一步，其完善程度将直接影响到整个项目的实施质量和运行效率。虽然不同的数字化项目在规划内容方面不尽一致，但一个比较全面的项目规划至少应该包括项目目标的确定、相似项目的调研、馆藏资源的评估、明确数字资源的用户、项目实施风险分析等步骤。高校数字化图书馆建设实施的主要工作包括知识组织与管理、个性化订制服务、技术使用、资源建设等。其中个性化服务技术和数字化资源建设是重点，个性化服务技术是适应数字化图书馆用户多样化需求的重要手段，是应对复杂的数字化图书馆资源与用户界面挑战的有效途径；在进行数字化资源建库工作时确立建库所需提供信息的学科主题范围，研究建库所涉及的学科及专业文献信息资源的分布、信息含量与相关程度等，制定资源建库工作细则。

2.数字化图书馆知识组织系统的实施

知识组织系统在用户的信息需求和信息资源之间起着桥梁的作用，利用知识组织系统，用户可以找到自己感兴趣的信息而不必事先知道它的存储位置。无论是通过浏览或是直接检索，无论是通过浏览网页上的主题或者一个搜索引擎，知识组织系统都能够通过一个知识发现的过程来指导用户。所有的数字化图书馆都使用一个或多个知识组织系统，决定使用什么样的知识组织系统是数字化图书馆发展的核心。

对于任何一个数字化图书馆来说，首先就是分析用户的需求。当分析一个知识组织系统如何被用在特定的数字化图书馆时，应该全面了解用户环境。人们不仅要关注组织数字化图书馆资源的这种需求，而且要关注数字化图书馆内部和外部资源连接的可能性。一旦用户需求被分析之后，为满足这些需求来设置一个知识组织系统是必不可少的。如果系统能够在网上可得，那么就可能要考虑把该知识组织系统作为一个外部连接的系统。在数字化图书馆的网页上，将资源以知识组织系统相关的主题或种类进行分组，知识组织系统能够以更高的层次等级为不同类型的用户提供识别入口。

3. 数字化图书馆知识管理的实现机制

（1）数字化图书馆知识管理的组织实现

数字化图书馆应建立起结构化部门和动态知识服务团队共同构成的灵活开放式的组织结构，可采用正式组织管理与权变结构管理、部门化管理与知识服务团队管理相结合的方法。尽管结构化部门与知识服务团队是两种不同形态的组织，但是二者处于同一组织机构相同的知识环境下，具有集成性和交叉影响的关系，所以在运用具体的管理方法时，可以将正式组织管理方法与权变结构管理的方法相结合、部门化管理方法与知识服务团队的管理方法相结合，以很好地发挥数字化图书馆知识管理的整体功效。

（2）数字化图书馆知识管理的技术实现

数字化图书馆知识管理实现需要一个强大的技术支撑，应该支持虚拟资源的服务集成，实质上是集知识信息资源与先进的信息技术于一体，能够灵活调用各种资源和功能的知识管理层面上的新型的用户服务系统。该系统是实现数字化图书馆基于服务的知识管理的平台，它可完成信息到知识的转化再到知识的组织、开发、服务传播等一系列任务，其功能主要由数字知识采集系统、知识处理系统、知识库存储系统和知识服务系统四部分组成。其中知识采集系统主要是完成数字化信息资源的加工处理，并完成信息向知识的转换；知识处理系统是将采集来的知识与知识库中已有的知识进行智能分类和匹配操作，最后将符合入库条件的知识存入知识库。知识库存储系统是知识库建设最重要的组成部分，关系到知识服务的效果和质量。知识服务系统则有针对性地向用户提供所需的知识。

三、云计算环境下高校图书馆数字信息资源管理与利用

云计算诞生以后，已经在很多行业发挥了它的独特作用，并且能够影响人们的工作和生活。随着社会的进步，相关的工作人员将对云计算做更深层次的探索，而高校图书馆，尤其是数字式图书馆的信息资源建设离不开云计算，云计算对高

校图书馆的信息资源建设有着重要意义。

（一）云计算的概念和特点

1.云计算的概念

云计算就是在互联网基础上开发的一种计算方法，它的运算速度很快，能够瞬间根据客户的要求来计算出相对应的结果。

2.云计算的特点

（1）具有很高的安全性

云计算是一种快捷的计算方式，其计算的速度非常快，并且它的数据存储也非常安全，运用云计算以后，用户可以降低对数据安全问题的担忧，云计算数据库的管理技术越来越进步，并且相关的科研人员在研发更加安全的数据保管技术，对于存储的数据，一般都有科学的安全权限管理策略，相关用户只需要付出相对较少的金钱，就能够得到云计算高效、安全的服务。

（2）相对价格较低

云计算是一种基于互联网的计算方法，其构成云的节点相对来说价格很低，在云计算的数据计算和数据管理中，都可以实现整个过程的无人且自动化控制，并且，同一个云可以同时支持多种程序运行。所以，云计算的适用性非常强，大大地提高了资源的使用率，用户只需要花费相对较少的金钱，就能取得更好的使用效果。

（3）可以同其他用户之间方便地实现信息共享

相比较传统数据共享方式，云计算只需要一份原始数据，安全地处在服务器中，任何想要访问这些数据的人，只要得到相关管理人员的同意，就可以对数据进行访问，这样不仅节约了空间，还大大地节约了时间，提高了工作人员的工作效率。

（4）数据的存储能力非常强大

整个云计算系统在网络上运行得非常流畅，但是在线下，实际上是多台服务器共同组成的计算机群，它们之间协同工作所产生的存储能力和计算能力是非常强悍的，能够完成各种复杂的工作，并且保证工作的效果。

（二）探索数字信息资源管理和利用的有效方法

1. 建立数字信息资源共享平台

各大高校之间应该认真地去探讨成立一个规模大、内容全的数字资源共享平台的可能性，只有这样，各高校之间的资源才能够实现共享，更好地指导教学、科研工作。在云计算发展的背景下，依托云计算去成立多所高校联合成立的图书馆信息资源系统对信息的共享有着不可比拟的重要意义。通过云计算的先进方法，各大高校图书馆的数字资源可以有效地整合起来，建立一个良好的共享平台，将所有的数字资源进行集成，设立统一的访问端口，平台内的高校可以通过这个统一的端口去访问共享数字资源，并且各高校也可以将本学校有特色、有深度的资源传到服务器上，其他高校一起来分享成果，促成大家的共同发展，这就能够真正地做到资源的有效整合和有效利用，促进所有高校的共同发展。

2. 培训具有推广数字信息资源素养的图书馆员

图书馆的工作人员一定要有过硬的专业素质，同时要给师生提供良好的服务。在云计算的背景下，高校图书馆的相关工作人员应该为师生提供更好的各方面的服务，图书馆工作人员应该努力地提高自身的专业技能，对网络、信息技术等加强理论和实践学习，创新自己以往的工作模式，深入地了解在云计算背景下图书馆工作人员应该掌握的各项技能。另外，高校也要认识到在云计算的背景下，提高图书馆工作人员业务素质的重要性，应该组织工作人员去图书馆数字资源管理出色的高校进行学习，回来以后给大家传授经验。同时，还应该组织本校工作人员经常进行讨论，不断地提高高校图书馆工作人员的业务能力，使他们为用户提供更好的服务，培养一大批优秀的云图书馆员。

3. 制定有利于数字信息资源管理和利用的规章制度

根据高校图书馆的实际情况，去制定相应的规章制度，保证数字资源在云计算背景下能够合理地被利用。在高校图书馆的数字资源中应用云计算的方式，高校必须对云计算有深入的理解，尤其是云计算的一些规则，应该进行更深层次的讨论，建立起符合实际情况的规章制度，同时，为了保证数字资源的安全性和可靠性，应该利用那些先进的技术手段，加大数字资源的存储容量，提高安全系数，同时，高校对图书馆的数字资源也应该定期组织专人进行管理，对一些重要的资源要做好备份工作。

4. 收费方式和收费金额要根据实际情况来制定

在云计算的背景下创建云图书馆，也是需要一定的资金和人力成本投入，而成本的回收对于创建者来说也是必须考虑的。要想使高校联盟的数字资源的作用体现得更加明显，整个云图书馆的基础硬件设置、制度管理还有相关配套的软件等必须进一步地升级，要想维护云图书馆的正常升级，就必须有收入来支撑。在收费模式上，云图书馆中的数字资源可以推行会员制收费和非会员制收费两种方法相结合，也可以推出月费、年费等收费模式。在收费的金额上，可以根据使用者的使用量来进行折扣计算，也可以借鉴其他成熟的收费金额模式酌情处理，总之，就是要确立一个符合实际情况的云图书馆数字资源收费模式。

5. 确保云计算终端的稳定运行

云图书馆其实就是由好多高校图书馆的终端组成的，各大图书馆的终端里存放着高校的所有信息资源，一旦黑客攻破高校的图书馆信息资源终端，或者服务器出现故障，就会给高校图书馆的信息资源造成影响，那么就会影响整个云图书馆其他用户的正常浏览。所以，高校图书馆要采取各种防御手段，使终端服务器的可靠性程度进一步提高，能够抵挡住黑客的攻击，同时要保证服务的硬件正常工作，从而保证整个云图书馆的正常运行。

近年来，随着经济的飞速发展，整个世界已经在信息化的道路上越行越深，这也给人们的生活带来了很多便利，高校的师生对数字资源的需求越来越大，同时对数字资源的质量和获取速度要求也越来越高。所以，高校图书馆必须与时俱进，革新自己的数字资源共享模式，大力推广云计算的方式，进行多高校数字资源的整合，通过云计算技术，将各高校之间的优秀数字资源进行共享，创建一个覆盖面广泛、内容合理的高校信息技术联盟。

四、高校图书馆电子资源管理系统建设与服务

当今社会发展突飞猛进，网络技术和数字化信息资源从根本上改变了图书馆的外部环境，给图书馆带来新的发展空间，使图书馆的文献信息资源范围迅速扩大，也使图书馆的功能和服务发生了新的质的飞跃。

（一）转变观念，明确发展目标

与传统的藏书建设相比，网络环境下文献资源建设发生了很大变化。电子资源有着使用灵活、传递速度快、支持多用户同时使用等很多优点。首先是收藏的文献载体和类型，馆藏文献不仅仅是印刷型、视听型、机读型，还有光盘型和网络型，馆藏文献资源结构呈现出多元化。其次是文献搜集途径和获得方式，除了延伸传统做法外，还需要通过网络采购、下载、自建电子数字化馆藏转变；由"收集—整理—保管—阅览—外借"低层次的封闭、被动服务方式向开放、主动的高层次服务方式转变，使信息资源达到"快""准""全""新"的效率，向着资源信息化、服务网络化、管理知识化的发展目标迈进。

（二）加强电子资源管理系统建设的开发建设

电子资源管理系统（Electronic Resource Management System，EMRS）可以认为是管理图书馆电子资源相关数据和元数据的系统。这里的数据主要指我们通常所说的电子资源，包括电子期刊、电子图书、数目数据库和全文数据库等。元数据是指对电子资源及其所进行的描述，包括电子资源的辨别、发现和使用、行政管理、典藏等。

1. 选择不同类型的电子资源管理系统（EMRS）的优点和限制

高校图书馆在引进电子资源管理系统时，一般来说有两种基本的方案可供选择：一是在原有图书馆的系统基础上进行升级；二是采用第三方系统。前者通常是高校图书馆在选择电子资源管理系统时为考虑到系统的持续性以减少培训和增进实用性，一般倾向于向原有的系统供应商提出升级服务，以满足电子资源管理的需求。原有的系统供应商对系统的熟悉程度和系统的兼容性与其他类型系统相比具有更多的优势。但限制是假如原有的系统供应商能力有限，电子资源管理系统的发展就可能要经历一段很长的时间。采用后者——第三方系统，例如期刊订阅代理商，也有一些优势。第三方系统更为兼容电子资源的复杂性，已建立电子资源的数据库，有大量新颖的电子期刊资源，可以回复精确的咨询服务。其限制是如果高校图书馆认为把采购及许可证相关资料放在他人的服务器上感觉不是很妥当，而自己又不愿意购买主机以解决方案，这将成为第三方 EMRS 系统在可持续发展上的一大限制。

2. 电子资源的整合

整合是电子资源系统与现有系统及资料整合在一起，也是选购电子资源系统所要考虑的一个重要的问题。在选购电子资源系统之前，馆员应该对本馆现有系统架构及预期整合的层次做一个全面性评估。现阶段，比较成熟的技术方案是采用松散耦合的方式，借助 Web Service、LADP、OpenURL 等技术，实现统一资源访问接口和统一的权限控制。随着语义网络、自然语言识别等技术的发展，电子资源整合将向更深层次的方向发展。

3. 高校图书馆电子资源管理系统开发建设的原则

一是树立以人为本、读者第一的原则。以人为本，提供人性化服务是现代图书馆发展的必然趋势。图书馆馆员要变被动、接纳式服务为自主创新、参与式服务。以读者为主，就是变"人找资源"为"资源找人"，提高服务水平。二是依托重点学科，突出特色馆藏电子资源管理系统建设。高校对学科建设的方针是：全力保证领先学科，重点建设一流学科，积极扶持特色学科，注意发展潜在学科，鼓励学科交叉，以形成新的学科。高校重点学科在教学、科研中发挥龙头作用，带动和促进其他学科的快速发展。因此，文献资源采集应向重点学科倾斜，对重点学科的文献信息进行较为系统、全面的开发建设，为用户提供个性化的服务，以满足专业特色的需求。三是馆藏信息资源共享。由于网络技术的发展和数字图书馆的构建，图书馆之间可以通过网络实现联合编目、联合采访、参与合作，实现馆际之间的优势互补、互通有无。

4. 加强网络信息资源规范化建设

针对网上信息资源繁杂无序、机构网址飞速增长、检索方法互不相同及语言障碍等问题，图书馆开展网络信息服务，必须根据一定的标准对网络信息资源进行组织整合工作，依不同的学科和专业对网上信息资源进行挖掘、搜集、评价和选择，并采取一定的方法进行分类整理，从而建立起网络信息中心，更好地满足用户对网络信息的需要。开发建设上要突出两个重点：一是提供适合用户需求的信息。由于用户不满足一般性服务，要求提供的信息内容简明扼要、精益求精，图书馆工作人员要将分散的信息进行分析、综合、比较，把知识浓缩重组，对文献信息内涵知识进行二次开发、二次创作。二是为用户建立专业网站，开发馆藏，实现数字图书馆藏资源的潜在价值。鉴于网上信息资源相当庞杂，且分类、编目缺乏统一的标准，图书馆必须经过深入研究和全面分析，再借助现代化的技术手段对网络信息进行深度整合和综合处理，建立起多学科的、各具特色的、大容量的、实用的数据库系统，尽可能地给用户提供最为便捷、有效的文献信息。

（三）创新服务内容和方式

1.加强专项特色服务，提高服务质量

图书馆的大批业务骨干应由一般服务变为特色服务，做到人无我有、人有我全，内容新颖、特色鲜明，并努力做好以下工作：开展馆藏的优势和特色专项服务；开展为特殊用户要求进行特殊的专业化、个性化的服务，如远程用户、专家学者用户等；开展为科研需求的专项服务，如课题查新、专题咨询、科研背景分析等；由基础信息服务向深层次加工服务发展，使图书馆成为教学、科研的"第二课堂"。

2.加强读者与图书馆的联系，促进图书馆的发展

在数字时代，读者与图书馆形成一种互动的关系，读者不仅是信息资源的使用者，还是信息资源的建设者和提供者，读者的积极参与，会给图书馆工作带来无限的生机和活力。读者在信息服务中占主导地位，应强调发挥读者的主观能动作用。图书馆员的服务将着重于如何帮助用户提高检索效率，帮助读者发掘潜在信息，协助读者处理数据库和电脑管理系统的信息，使图书馆员主动承担起信息知识的导航责任。

3.开展社会和馆际互借及文献传递服务，实现信息资源共享

在目前网络环境下，要建立高校图书馆与社会的信息资源共建共享体系，可以通过将高校图书馆自有信息资源的目录数据传至各自的 Web 站点，让社会的信息用户通过 Internet 共知，同时通过建立高校图书馆之间、高校图书馆与公共图书馆之间的馆际互借系统、原文复制和网上文献传递业务关系，使参与共建共享的各类图书馆的信息资源为更多的用户服务，提高信息资源的利用率，满足高校师生和所有用户的需要。

（四）培养高素质的馆员队伍

电子资源管理系统建设服务，除了有计算机等现代设备外，更重要的是培养高素质的信息人才。这种人才不仅要懂得图书馆业务，更要有计算机应用软件开发和维护能力的专门人才。这对馆员有三项具体要求：第一，要求图书馆工作人员熟悉分编、加工数据库的各种标准及计算机知识，熟练掌握其使用方法；第二，要求有广博的业务知识，了解不同学科的内容，才能更好地对文献专题进行标引、著录；第三，要求挑选事业心强的专业人员进行培训，使其具备良好的职业道德和开拓创新精神，不断改进提高工作质量。

图书馆还应针对员工所在工作岗位的特点，进行重点培训。第一，对网络部加强数据库管理、网络安全、网络搜索工具等方面的培训；第二，对文献建设部加强网络信息采集和下载、外语等方面的培训；第三，对流通部、阅览部加强网络系统维护、公共关系学、心理学等方面的学习；第四，对咨询部加强信息资源的搜集、开发，除汉语、外语等方面的学习外，还要熟悉全馆各业务部门的工作。从人本管理的角度出发，现代图书馆要不断为员工创造学习的环境，以提高员工的学术水平和工作效率，达到图书馆和个人共同发展的目的。

总之，在网络信息化高度发展的今天，图书馆正面临着前所未有的机遇和挑战。只有充分利用和把握这一有利时机，创造良好的服务环境，拓宽服务领域，深化服务层次，提高服务质量，才能立足于信息服务的前沿，促进高校图书馆事业与时俱进和全面发展。

五、高校图书馆建设数字资源存储系统的思考

在高校教育工作中，图书馆是获取知识、信息的重要渠道，对高等教育工作水平具有非常重要的影响。图书馆是高校信息的主要提供者，承担着高校信息资源建设的重要任务，随着信息化时代的到来，人们对图书馆馆藏信息需求量日益增加，对电子信息数据的需求也日益紧张，高校图书馆学的数字化建设已经成为大学图书馆的发展趋势。

（一）高校图书馆建立数字资源存储系统的必要性

在高校图书馆中，其馆藏资源多种多样，而且图书馆中还存有大量的音像、新闻、美术、照片、软件等各种数据资源，由于数据资源极其庞大，要求图书馆具有很强的管理能力，才能保证高校图书馆的服务能力。由于图书馆数据资源极其庞大，对其存储系统提出了更高的要求。数字资源存储系统的建立，可以有效地将图书馆馆藏信息资源进行分类汇总，通过数字资源分散处理，方便用户对信息资源的检索、分析，并借助高校图书馆的计算机信息平台，实现馆藏数据的管理。

在高校图书馆管理过程中，建立数据资源存储系统可以大幅度提高高校图书馆馆藏信息的安全性。建立数字资源存储系统，可以将馆藏信息以电子数据的形式进行保存，有助于防止地震、火灾等灾害的侵袭。而且馆藏信息以电子数据形式进行流转、阅读，有助于馆藏图书等资源的保护，减少图书资源在使用过程中产生磨损。数据资源存储系统的应用，有助于馆藏图书资源的维护，通过互联网技术的维护，实现对馆藏信息资源的保护。

（二）建设图书馆数字资源存储系统的重要性

1.图书馆数字资源的海量和复杂多样决定了存储的艰巨性

图书馆数字资源的组成是多种多样的，既包括以图书馆自动化集成管理系统为中心的书目数据库、读者库等基础数据，也有以数字化图书、数字化期刊、自建特色数据资源为代表的数据，还包括音像、新闻、美术、照片、电影、软件、互联网页等各种各样的数据。

数据量巨大、数据种类繁多，因此，如何简便、快速、安全地存储这些数据，对存储系统的容量和响应速度都提出了更高的要求。此外，长期以来，各种数据应用于多种操作系统平台，数据资源分散存储在多个独立的服务器，不易于管理，数据的共用性差，对信息资源进行检索、分析、处理等有着巨大的困难，这就要求存储系统不仅要能够实现多平台的互操作性和数据共享性，而且必须保持系统具有高度的开放性、可扩展性、可靠性和易管理性，能够提供不间断服务的高可用性要求，以满足读者在最短的时间内找到所需信息的需要。

2. 图书馆数据资源的安全依赖于存储的可靠性

图书馆数据资源的安全性是极为重要的，不管是地震、洪水、火灾等自然灾难，还是计算机病毒、网络犯罪、硬软件故障、操作失误等因素，都可能造成系统的瘫痪、设备的停运及数据的丢失，数据资源一旦被破坏或丢失，就会对图书馆日常工作造成重大的影响。面对如此严峻的数据安全形势，唯一可以将损失降至最小的办法莫过于数据的存储备份。因此，不仅要建立本机、本地的备份，更要建立异机、异地的备份，还可考虑建立远程容灾系统。由此可见，建立行之有效的存储系统不仅可以保证数据的一致性和完整性，而且对维护数据的安全性与可靠性起着至关重要的作用。

（三）存储系统规划

1. 存储技术

存储网络是目前最为成熟且使用较为广泛的存储技术，在存储网络中包括 SAN 技术和 NAS 技术。

（1）SAN 技术

存储区域网络（Storage Area Network，SAN）是由服务器、存储设备、交换机及光纤信道连接而成的独立的高速存储局域网络，采用高速光纤信道作为传输媒体，是存储技术与高速传输技术的结合，服务器与存储子系统之间相互隔离，数据通过光纤传输，存储区域网上的服务器可以通过 SAN 直接访问存储设备，而无须通过局域网。

（2）NAS 技术

联网存储系统（Network Attached Storage，NAS）又称附网存储系统，存储设备与网络设备直接相连而不是连接到服务器上的，NAS 把数据看作是一种网络资源，并由专用的 NAS 设备来管理，这种设备不依赖特定服务器，如果一个服务器出现故障，NAS 设备可通过其他服务器存取数据，可以避免对服务器的影响，NAS 是基于局域网（可使用以太网交换机）的，按照 TCP/IP 协议进行通信，以文件的 I/O（输入 / 输出）方式进行数据传输。在局域网环境下，NAS 可以应用在任何的网络环境当中，比如 NT、UNIX 等平台的共享。一个 NAS 系统包括处理器，文件服务管理模块和多个硬盘驱动器（用于数据的存储）。主服务器和客户端可以非常方便地在 NAS 上存取任意格式的文件。

（3）SAN 技术与 NAS 技术对比

NAS 对数据库的支持不如 SAN，NAS 设备非常适合于网页服务和文件服务，不适合于数据库存储和交换存储；SAN 更适合超大型应用，虽然 SAN 在初始阶段需要投入的费用比 NAS 高，但是 SAN 却可以提供其他解决方案所不能提供的能力，并且可以在合适的情形下节约一定的资金。

2. 存储架构

搭建基础存储架构对于图书馆来说是一件非常复杂的工作，对重新搭建一个基础架构的要求是，将原有存储系统整合，存储系统的支持原有存储方式同时又支持新技术方式，并可在将来根据业务的增长具有灵活、可扩展性，包括通信通道、存储容量、端口接口及系统升级等，将来可通过简便的方式进行数据就地升级，使系统可随业务增长而扩展。

3. 存储性能

存储系统性能扩展能力要强，能够满足图书馆业务的多样性的需求；使用统一整合平台简化异构系统间的存储管理，可以在不同的连接设备间移动数据，可以在不同的操作环境、数据类型、网络等存储平台上进行通用连接；可以通过存储系统的调配实现存储资源按需分配，也就是能够在需要的时候准确分配存储资源，可以按需分配硬件、容量与带宽。

4. 存储容量

存储系统容量配置能够灵活控制，可根据需求不断扩展，就一个中型图书馆的应用来看，目前使用中端 SAN 产品，原始容量为 200TB 左右，内置磁盘驱动器在 4 ~ 120 个即可满足需求。

5. 存储介质

目前数字资源有磁盘、光盘、磁带三种主要的存储介质，磁盘又分 IDE、SATA、SCSI、FC 等磁盘系统，磁盘存储可实时在线，数据访问、存储、交换速度快，管理方便，容量高，成本高，利用率高；光盘系统分为 CD、DVD、MD 等几种，可以实时在线，但并发能力弱、存储成本低、容量小、保存方式不正确，容易造成数据永久不可读；磁带有多种系统，有一定的在线能力，没有并发能力，存储成本居中，容量较大，可实现远程存储。可以以磁盘和磁带存储备份为主，磁盘系统用于本地存储应用及本地备份及异地容灾系统，磁带可应用于异地远程备份系统。

6. 存储安全

存储系统可提供数据保护，可进行恢复，具备灾备能力。

（四）推动高校数字资源存储系统的发展建议

1. 合理设计存储系统

在高校数字资源存储系统建设时，我们需要考虑到存储系统的需求和存储性能的要求，结合高校的专业建设及学科划分，分析高校图书信息需求情况，设计图书馆数字资源存储系统。因此，在图书馆建设过程中，我们需要考虑数字资源的种类、存储系统的实用性、安全性等因素。

2. 及时做好系统的优化升级

在高校图书馆管理工作中，建立数字资源存储系统是为了满足读者的电子化阅读需要。但是，该项投入并不是一次性的投入，我们需要根据系统的发展需要，对原有的系统进行优化升级，从而提高存储系统的服务功能。因此，在存储系统的后期维护过程中，我们需要利用信息技术的改革对存储系统进行优化升级，提高存储系统的服务性能，从而全面提高我国高校图书馆的服务能力。在持续投资原则的保证下适时扩容升级，保证重要资源能够及时得到数据更新，新的有价值的信息资源能够及时得地到补充。

3. 存储系统实行技术责任制及创新机制

在图书馆建立数字资源存储系统后，我们应当注重培养相关技术人员的责任意识，建立项目责任机制，防止因为技术人员的疏忽而损害资源存储系统。实行技术责任机制可以保障技术的完善性，并对技术行为进行监督。同时，通过技术创新鼓励管理人员进行创新，推动存储系统的改革与完善，从而提高管理人员的服务意识。避免决策缜密而实施疏漏的问题，从而保证存储系统的服务能力。

计算机技术在高校图书馆建设中的应用，大大提高了高校图书馆的服务能力。图书馆数字资源存储系统的建立，方便了读者的阅读。但是在数字资源系统的应用中，仍然存在一些问题，影响着系统的发展。数字资源的建立应当合理设计存储系统、系统的优化升级、存储系统实行技术责任制及创新机制，才能进一步提高系统服务水平。

第二节 高校图书馆数字资源服务创新研究

一、高校图书馆服务创新的原因和对策

（一）图书馆服务创新的原因

国家创新系统的任务就是用系统的观点和方法，把促进技术创新的科技措施、经济措施等整合起来集成起来，以达到最好的效果。在完成这个任务的过程中，企业、研究机构、以大学为主的教育培训机构、政府成为创新活动的行为主体，构成了国家创新系统的核心。其中高校已成为国家创新系统中的一支重要力量，其作用和地位日益突出。作为信息服务和学术研究机构，图书馆创新是高校知识创新和教育创新的重要组成部分。

1.图书馆创新是图书馆服务于大学教学科研的必然要求

随着教育体制改革的不断深入，高校人才培养方向和侧重点不断向为社会和企业培养有用人才的方向转移；同时，随着知识经济的发展，学校在继续教育、终身教育、社会教育中扮演着越来越重要的角色。教育创新是不断提高劳动者素质、保持国民经济和社会持续稳定发展的重要支撑。图书馆作为高校办学的三大支柱之一，必须充分发挥教育职能，服务于教学，使教育从课堂延伸到课外、从学校延伸到整个人生和整个社会，成为"没有围墙的社会大学"和"终身大学"。因此，"图书馆创新是辅助教育创新的必然要求，是学校教育创新的延伸和拓展"。

高校是科学研究的重要基地，与其他科研机构相比，高校的科研水平和科研成果在稳定的基础上不断上升，从市场上获得的科研经费也在不断上升。科技成果转化速度大大加快，高校科技企业蓬勃发展，科学园地不断增多。在这一系列

过程中，图书馆起着举足轻重的作用，具体表现为：图书馆提供文献信息服务于科研、图书馆参与科研过程、图书馆独立承担科研项目，同时图书馆在科研成果转化过程中起着中介作用等。

2. 图书馆创新是信息服务环境变化和图书馆可持续发展的必然要求

在以印刷型文献为主要信息载体的时代，图书馆以其丰富的馆藏和较熟练的文献服务技能两大优势，在社会的文献服务体系中占据主导地位。但是，在知识经济时代，信息服务日益社会化、网络化、个性化，在社会信息服务的大系统中，图书馆的主导地位日益削弱，甚至其生存也面临着严峻挑战，因此，信息服务环境的变化迫使图书馆必须改革和创新。

首先，随着信息技术的发展，纸质印刷型文献一统信息载体的局面已不复存在。信息载体日益增多，尤其是电子出版物发展迅速，已与印刷型出版物各占半壁江山，并大有超越印刷型出版物之势。随着图书馆收藏信息载体的变化，图书馆的业务工作对象业已多样化。工作对象的多样化导致传统业务、服务方式和有关规章制度已不能适应变化，尤其是文献信息的搜集、组织、加工、传递、使用等许多业务工作无规可依、无章可循。

其次，受信息技术的影响，信息服务手段由手工方式向以计算机为主的自动化、网络化、数字化方向发展，图书馆应该突破时空限制，提供高效优质的文献信息服务。但是，受馆员素质和服务技能的影响，图书馆现代化、数字化、深层次、个性化的信息服务效率、服务能力和服务质量与现代化的设备极不相称，管理等软建设严重滞后。

最后，社会的信息化和信息服务的社会化，对图书馆的生存和发展提出了严峻挑战。这突出表现在三个方面：①信息和知识成为重要生产力，成为经济增长的杠杆和核心。随着信息社会化需求的增多，新增的信息服务行业和机构也不断增多。②图书馆的读者已不是原来的固定区域内的图书馆读者，网络用户成为图书馆读者的重要组成部分；同时，图书馆原有读者不断流失。③图书馆传统的、僵化的、浅层次的文献服务已不能满足读者日益个性化、特色化信息需求，图书馆的信息服务与社会化需求严重脱节；相反，社会上各种信息服务机构以其灵活有效的服务机制，迅速地占领信息服务市场，不断削弱图书馆的信息服务地位，图书馆面临着严重的生存危机。

总之，图书馆馆藏对象、服务手段、工作内容、用户需求及服务地位都发生了重要变化，图书馆传统的服务和工作方式已不能适应这种变化。图书馆要生存，要发展，就必须适应信息服务环境的变化，图书馆的服务就必须不断改革和创新。

（二）图书馆服务创新的对策

图书馆创新应是全方位的，它包括图书馆各种观念意识的创新、规章制度的创新、管理机制的创新、技术的创新、人才的创新和服务创新等。其中，观念意识的创新是图书馆创新的源泉，规章制度和管理机制的创新是图书馆创新的政策保证，技术、人才的创新是图书馆创新的技术和智力支持，以上这些是图书馆开展服务创新的基础和前提。同时，图书馆创新也是一个继承和发展的扬弃过程，有一个吸收消化、探索创造的过程。

1.对图书馆的服务对象要有创新意识

目前，校内师生员工就是我们的服务对象的意识是读者工作的主体意识，服务对象也仅限于此，这不符合当前资源网络化和共建、共知、共享的要求。我们要有全新的用户观念，要做到服务对象意识的创新。

首先，我们要突破校内读者这个框框的束缚，将读者的概念延伸到网络用户和社会大众。《普通高等学校图书馆规程（修订）》中明确规定：高校图书馆是社会信息化的重要基地，要尽可能地向社会读者和社区读者开放。这就要求我们在满足校内读者需求的前提下，大力开展对社会大众的信息服务，做到信息服务的社会化。这个说起来容易，做起来还是有各种各样心理的或其他因素的阻碍，因此，要更新服务对象的传统观念，要有"大读者"意识。

其次，服务对象创新，还包括保证所有用户平等使用图书馆文献信息资源的权利意识的确立。许多图书馆当前都是按业务流程、服务对象等设立组织机构，并在此基础之上开展各项工作和服务。这种做法曾经有力地推动了图书馆事业的发展，但是，这种做法已不适应时代需求。例如，图书馆设立教师阅览室，并规定学生读者不能利用该室的资源。又如，校外读者使用图书馆资源时有种种限制。所以服务对象创新的第二个含义是建立用户平等使用图书馆一切资源的权利保障体系。

服务对象创新的第三个含义是不但要接纳所有主动要求使用图书馆的人，还要主动寻求图书馆的用户，也就是要找人来利用图书馆，把潜在读者、隐性读者变为实实在在的图书馆使用者，并保证他们使用图书馆的平等权利。

2. 服务方式和手段的创新

第一，要实现从传统的手工方式到自动化、网络化的转变，它包括服务设施和服务方式两个方面。从服务设施来看，无论是文献信息的搜集、整序、加工、存贮、传递、使用等各个环节，都要适应信息技术环境的发展变化，要用现代化的技术设备，实现服务手段的数字化、自动化、网络化、现代化等；从服务方式来看，要不断地吸收并应用新的理论研究成果，不断改善服务方式，简化服务手续，缩短服务时间，从而实现科学精神与人文精神的融合和统一。

第二，实现从封闭到开放的转变。我们要将我们的馆藏实行更多的开架服务，对珍贵馆藏在采取一定措施后也要服务于读者；我们要让用户知晓我们的全部资源和服务项目，知晓获取这些服务的手续、步骤等相关事项；公开我们的服务过程和服务结果，公开我们的规章制度，公开我们工作人员的技能特长和岗位职责；公开接纳所有用户和读者，公开接受读者和用户的批评和建议。

第三，实现从"事不关己"到首问负责制的转变。要实行谁最先接待读者，谁就要对这个读者负责到底，直到读者需求得到特定程度的满足，至少要指引读者获取服务的途径和地点。

第四，实现从难到易的转变。我们所提供的服务、资源布局和资源使用方式，要便于读者利用和获取，要简单明了、可操作性强，要向"傻瓜式"方向发展，要充分体现图书馆的人文关怀。

第五，实现大众服务和个性化服务的统一。既要考虑满足大多数读者的需求，又能满足特殊读者个性化需求，尤其是科研、决策人员的个性化需求；既要满足读者学术研究的需要，又要满足读者休闲娱乐的需要，让社会大众都能享受到图书馆的服务。

3. 服务内容的创新

第一，要主动参与到高校的教育教学中去。在做广泛的调查研究之后，为学生读者提供适应社会和人才市场需要的文献信息，除满足他们接受知识灌输所需文献外，向他们提供创造性学习所需要的文献信息，让图书馆真正成为学生接受素质教育的课堂和阵地；要积极主动地为教师提供最新的理论研究成果和相关知识，为教师的备课服务。

第二，要参与到科学研究中去。这主要表现在三个方面：①参与到科研过程中去；②参与到高校科研成果转化的中介服务中去；③加强图书馆自身的学术研究活动。

第三，要根据馆情，积极开展特色服务和深层次服务。每个图书馆有自己的特殊情况，有些馆有自己的特色馆藏和特色服务，我们要积极地开发这些特色馆藏，推广这些特色服务，并把这些特色打造成我们的拳头品牌，占领信息服务的市场；要依据我们的资源、技术和人才优势，积极开展超值服务、全面服务、个性化服务和相关的技术服务；在提供传统文献服务的同时，积极提供数字化的信息服务，要建立学科知识导航系统，方便读者搜集各种知识和信息。总之，要积极地开展深层次信息服务，不断提高图书馆的服务档次和质量，将传统的文献传递服务延伸到数字化的知识信息服务。

第四，实现图书馆用户教育的职能。在网络环境下，读者需求多种多样，信息资源应有尽有，图书馆不可能占有所有信息，也不可能满足所有读者的需求，因而读者自助式服务越来越重要。图书馆有必要、有义务培养用户对文献信息的利用能力和技巧，这是给他们一把打开宝藏的钥匙。切实搞好与知识经济相适应的用户教育，是我们服务内容创新的一个重要组成部分。

二、大数据时代高校图书馆数字资源服务创新研究

（一）高校图书馆服务模式及其变迁

高校是我国培养各学科专业人才和开展相关学科科研活动的基地，在对学生进行专业化的教育，以及各学科科研活动的开展过程中，高校图书馆是提供相关信息资源的重要机构。我国历来重视高校图书馆的建设，每年都会投入大量资金用于采购图书、报纸杂志和收藏专业文献，实行专业化的管理和为高校师生提供信息资源的查询、借阅服务。在数字化的时代，高校图书馆纷纷投入了大量人力、物力，对传统的馆藏资源管理模式、信息收集和服务模式都进行了数字化的变革。经过数字化的改造，目前绝大多数高校图书馆已经步入信息化、网络化和数字化

的时代。通过网络平台的建设，高校图书馆除了可以全天候为师生和专业科研人员提供在线信息资源查阅、咨询，还为师生提供了交流互动的平台，为高校教学和科研活动、校园文化娱乐活动、校园文化的传播，以及新的学术成果的展示和交流做出了贡献。

（二）大数据背景下高校图书馆的服务模式创新途径

随着互联网及科学技术的发展，我们逐渐进入了大数据时代，而大数据时代的发展又给高校图书馆数字资源服务提供了新的目标和要求，同时也给数字资源服务提供了更多的路径。

1. 利用大数据技术进行数字资源的深度加工

大数据技术的日渐成熟和智能化技术的应用，让信息资源的处理有了新的方向和思路。高校图书馆的馆藏资源数据量庞大，首先应加大对硬件设施的升级改造投资，与科研机构合作研究和开发相应的软件服务系统，提高网络智能化水平。目前的图书馆数字化应用技术只能把信息以数字化形式，根据客户的在线请求远程提供给用户。这些信息资源的实用性与传统借阅形式得到的纸质媒介信息没有本质上的区别，依然需要用户自行归纳、梳理、提炼个人需要的内容。而大数据分析加上智能化技术的应用，可以建立起用户需求的智能化分析和信息资源的深度挖掘与利用，将信息资源加工成满足客户高层次需求的知识内容，省去用户个人分析和研究资料信息及大量脑力劳动。

2. 加深和拓展高校之间图书馆服务的合作

高校图书馆应利用大数据分析和处理技术，实现更大范围的专业合作。首先要将专业与教学、科研方向一致的学科资源信息在全国范围内实现实时交流与共享，提高优质专业信息资源的利用率，促进学科的教学与科研水平的进步；其次要通过广泛互联的信息平台开展校际教学与校园文化的交流活动，为高校师生提供互动交流更大的平台，促进校园文化的建设。

3. 为日常教学和科研活动提供实时信息资源服务

在高校的日常教学与科研活动中，运用大数据分析和应用技术，深度挖掘和分析相关专业数据资源，为师生和科研人员提供实时的专业信息资源服务。可以第一时间把相关专业领域的科研信息、发展动向和研究成果运用到教学与科研工作中，提高教学质量，为科研人员提供更有时效性的信息服务。

4. 拓宽服务范围、提供面向社会的信息资源服务

在大数据时代，专业化的信息资源服务具有十分广阔的市场。无论是科研机构还是企事业单位，为了跟上时代的脚步，都会需要基于大数据分析和利用技术的信息资源。而高校图书馆应该利用好自身的优质资源，通过拓展服务范围为社会做出更多贡献，还能够给自身发展提供经济上的支持。

高校图书馆具有学科专业领域天然的优势资源，在大数据背景下，服务模式的不断创新需要依托高质量的管理人才和计算机软硬件系统。培养新时代智能化图书馆的管理专业人才，才能从信息的挖掘利用、个性化服务模式的创新与应用、用户需求的专业化分析等方面做出科学的决策，为全新的思路建设和管理高校图书馆，提供与时俱进的高效、多元化的服务。提升网络软硬件设施水平，运用大数据技术对馆藏资源和社会信息资源进行深度加工，为高校的人才培养、科研工作和校园科研、教学、文化交流提供更加优质、高效的服务。

5. 建立有效的用户绩效评价体系，为提高服务质量积累能量

监控数字资源服务质量最有效的手段，非用户绩效评价莫属。图书馆通过建立一套适合本馆情况而又完善的用户绩效评价体系，就可以准确掌握用户的动态需求，了解图书馆在管理数字资源和服务用户过程中有哪些问题，从而在今后的服务改进和资源采购时能够有明确的目标。

6. 重视图书馆服务环境建设，为用户营造良好的使用氛围

人能够改造环境，环境对人也有很大的熏陶作用。图书馆服务环境也不例外，它对用户具有很大的影响力，在很大程度上影响图书馆资源的推广和使用。因此图书馆要重视用户服务环境建设工作，抓住机会向用户推介图书馆的数字资源，从而使得用户能够喜欢图书馆的氛围，深入了解图书馆数字资源情况，为未来图书馆资源的使用奠定基石。

首先，图书馆要做好新生的入馆教育工作。对学生进行信息素养教育的最佳时期是新生入校之初。这个时候他们对大学的任何事物都具有浓厚的兴趣和求知欲望。因此图书馆要抓住这个有利的时机，把本馆的馆藏资源，特别是数字资源及如何利用告知新生，帮助他们树立合理使用图书馆资源的意识，使用户认识到

数字资源在今后学习、科研中的重要性，为新生参加有关数字资源培训打下基础。

其次，图书馆要利用自己的资源优势，举办各种方式的阅读活动，为读者营造阅读氛围，同时有效的阅读服务活动能够提高用户到馆的积极性和熟悉馆藏资源，从而激发用户主动利用图书馆的数字资源。

7. 利用图书馆资源开展具有特色的服务

图书馆开展多种服务方式，能够满足用户的多样性需求，吸引用户多利用图书馆的数字资源。目前图书馆用户人群范围广，知识层次高低不齐，对数字资源的需求也存在差异，因此使用图书馆提供的服务也各异。在这种情况下，图书馆要注意改进服务方式，立足于用户自身的需求，结合图书馆已开展的参考咨询、查新服务和传递文献服务等业务，进一步扩展服务方式，有针对性地一对一服务或者主动推送服务等特色的服务方式，满足用户多方面的需求。

三、基于 MOOC 的高校图书馆服务创新研究

所谓 MOOC，归根结底，就是由保留分享、协作精神的个人或是组织设计，在互联网空间之中开放且规模相对较大的课程体系，其核心存在意义就是强化各项专业知识的传播实效。

（一） MOOC 对高校教育事业和内部图书馆管理服务工作的影响

1. 对高校教育事业的影响

首先，有助于贯彻全球创新和优质化教育资源的共享目标；其次，有利于提升高校教育的公平性；再次，有益于改善高校综合化教育水平，避免过多数量的成本投入；最后，进一步推动高校教育创新改革的进程。

2. 对高校图书馆管理服务工作的影响

MOOC 出现之后，令高校教育模式发生系统性变化的同时，更为内部图书馆的教育功能、信息资源、服务模式等提供了绝佳的创新发展机遇。

第一，拓展了高校图书馆的教育功能。图书馆始终被作为高等院校的文献信息中心枢纽，是学校及社会信息化建设的基础。其不单单保留信息资源储存和传递、信息化产品开发设计、信息娱乐和网络导航服务等功能，同时更重要的就是

辅助教师更好地教学、学生更高效率地学习。而自从 MOOC 引入之后，以往的校园界限被全面冲破，高校图书馆至此又被赋予全新的服务内容，即所谓的课程学习服务。所以，在 MOOC 环境下，高校图书馆想要继续保留读者最佳的学习中心地位，就应该及时地将 MOOC 纳入可持续改革的发展战略内部，进一步全方位地激活拓展高校图书馆多元化的教育服务功能。

第二，丰富了高校图书馆的信息资源。高校师生现阶段对 MOOC 的关注程度日渐飞升，由此，许多国家相继创建自身专属化的 MOOC 操作类平台，并且吸引了许多学术专家将他们优质化的课程内容共享在这部分平台之上。这类结果，不仅为不同国家区域的学生提供便利、快捷性的注册学习机会，同时更加令高校内部图书馆优质化的信息资源得以丰富完善。

第三，革新了教学辅助资源的样式和服务过程。现阶段高校图书馆保留的电子教材主要可细化为电子图书和纸质书电子版两种类别，主要在不同类型数据库或是图书馆独立系统内部储存，同步状况下包括许多内容都尚未完全贯穿融入至课程管理系统之中。相比之下，MOOC 环境主张开展自主探究式的教学和学习活动，相关教学辅助资源也都维持数字化形态。这样一来，高校图书馆的教学辅助资源样式和服务过程等，也必然会发生翻天覆地的变化。

（二）MOOC 环境下高校图书馆的角色定位

MOOC 的兴起给高校图书馆带来了新的发展机遇，给高校图书馆员创造了一个实现自我价值的机会，图书馆将在 MOOC 环境下发挥重要作用，并扮演以下角色：

1.MOOC 教育的宣传者与推广者

MOOC 和图书馆的共同点就是倡导教育资源的开放和共享。高校图书馆作为学校教学科研的重要辅助部门，应该成为 MOOC 的积极宣传者和推广者。

高校图书馆拥有专业的信息服务人才、先进的技术和设备，以及丰富的资源和信息服务经验，这些优势为图书馆宣传和推广 MOOC 提供了方便。

2. 信息资源导航

MOOC 教学模式下，用户要求图书馆为其提供更加专业、全面和有价值的信息资源。图书馆在信息的筛选、甄别、收集和整理方面具有绝对的专业优势，起着信息资源导航的重要作用。

图书馆员能够将庞杂的信息进行有序化整理，从中找出有价值的、可利用的资源，以供用户学习和检索使用。针对教师，图书馆可以为他们的 MOOC 教学提供相关的参考文献和图书期刊等基础性的文献资源；针对用户在利用 MOOC 时遇到的各种问题，图书馆可为他们提供文献资源查找、软件工具应用、最新资源推荐等服务，确保用户能正常使用 MOOC。另外，对于非高校的 MOOC 用户来说，图书馆可通过构建 MOOC 课程资源库，为用户提供一站式信息检索，方便校外用户查找资源，并在为用户提供信息的同时，引导用户合理选择资源，帮助用户提升获取资源的能力。

3. 信息版权顾问

MOOC 环境下，任何人都可以参与学习并获取课程资源，同时，提倡学习者知识共享，并利用信息推送工具推荐相应的学习资源。然而，在教育资源开放共享的同时，网络教学形式却有着比传统课堂更加严格的版权限制，如何解决 MOOC 环境下教学和资源利用之间的矛盾，避免版权的法律纠纷，成为高校图书馆的新任务。

国内图书馆可以借鉴国外图书馆的实践经验，在参与 MOOC 教学的过程中，不仅要满足教师和学生对信息资源的需求，还要为他们提供必要的法律咨询、版权保护建议等方面的服务，及时发现、清理和化解 MOOC 课程中的版权风险。图书馆要积极引导师生合理使用 MOOC 资源，避免版权纠纷，可通过制定 MOOC 版权指南，指导用户正确使用文字、图片、视频等资源，当用户需要使用未经授权的资源时，图书馆应出面与出版商谈判，协调各方利益关系，获取版权和内容的开放许可。

4. 信息素养教育者

MOOC 教育模式下，学习资源丰富多样，这对学习者自身选择信息、获取信息、辨别和处理各种类型信息的能力提出了更高的要求。

高校图书馆在信息素养教育方面有着一定的经验，MOOC 环境下，图书馆可以利用自身的服务优势，充分发挥其教育职能，通过多种途径对学习者进行信息素养的教育，为他们提供信息组织、信息加工、信息检索的技能培训，使学习者能够正确查找、获取和使用网络信息资源。图书馆可以与本校教师合作，把信息素养教育嵌入专业课程教学中，对学生进行文献检索技能的培训；图书馆员也可以为 MOOC 制作有关信息资源查找、获取、筛选、评价等方面的资料，加入到参考资料中以供用户随时学习；图书馆还可以创建信息素养教育课程，向学习者介绍 MOOC 学习模式，引导他们正确利用平台资源和外来资源开展学习，解决课程中的疑难问题。

（三）MOOC 对图书馆服务的要求

1. 需要图书馆教学参考资源的支撑

MOOC 教学模式的开放共享使得 MOOC 教学分散，无法集中开展教学，因此，广大学生对 MOOC 教学参考资源的需求非常迫切，希望能够通过网络方便快捷获得所需的文献资源。因此，图书馆丰富的教学参考资源成为 MOOC 教学的重要支撑系统，因此，图书馆应该针对 MOOC 教学的需要，选择优质的教学参考资源，满足广大学生学习 MOOC 课程的需要。

2. 需要图书馆提供学科信息导航服务

MOOC 非课堂教学的特点，使得广大学生对学科文献资源的需求更加突出，图书馆应发挥在传统文献咨询领域的特长，建立学科资源导航网站，方便学生按学科查找相关教学参考文献资源。MOOC 的快速发展，为图书馆开展数字教学参考资源服务提供了对象，因此，图书馆应进一步加强对学科文献信息资源的整理，为广大学生提供丰富的学科导航服务，满足广大学生的信息需要。

3. 需要学科馆员，提供专业的学科信息针对 MOOC 学习者学习过程中可能遇到的多种信息障碍，图书馆应选拔优秀的图书馆员组成学科馆员团队，开展学科咨询导航服务。学科馆员应深入 MOOC 教学过程中，搜集整理学生须咨询的问题，面对面解答学生的咨询。另外，学科馆员还可以参与学科资源建设、传播信息检索知识，为提高学生的学习效果做出努力。

（四）MOOC 环境下高校图书馆服务创新策略

1. 在知识推广与信息咨询方面

目前，高校图书馆对 MOOC 知识的推广与信息咨询服务的实践活动开展得还较少，如何让更多的人了解、注册、使用 MOOC，推广普及 MOOC 教育理念，还需要做大量的知识宣传与信息咨询工作。高校图书馆可以在门户网站提供 MOOC 相关网站的链接，跟踪国内外 MOOC 发展最新动态，邀请教育专家举办 MOOC 知识讲座，召开 MOOC 课程改革经验交流会，开展网络互动式信息服务，提供深层次的信息咨询等；还可以将课程信息与图书馆现有的资源整合起来，提供一站式的检索功能；根据馆员的学科背景，提供相关的学科支持服务，设立学科馆员专栏，提供相关的信息咨询服务。

2. 在课程支持方面

高校图书馆除了是信息资源收藏、开发、管理和利用的机构，还承担着收集、整合、编译、推广 MOOC 信息的服务角色。高校图书馆要结合专业课程特点提供课程资源使用方面的咨询和指导，包括课前的教学设计和预习、课堂教学、课后作业或反馈，以及课外拓展阅读等，积极发挥"信息咨询专家"的作用。

3. 在信息素养培训方面

传统教学中，培养学习者的信息素养和信息检索能力也是图书馆提供的重要服务之一。MOOC 的学习更强调自主学习，学习者如何快速准确地在信息的海洋中找到自己需要的信息，这对信息素养能力也就提出了更高的要求。图书馆可以通过信息素养培训等途径为学习者提供信息组织、信息检索等方面的技能培训与帮助，帮助有信息获取等需求的学生更好地利用课程资源，进而实现信息素养和相关技能的提高。让馆员参与 MOOC 课程制作，发挥其在文献检索利用、数据库知识、版权，以及情报分析和数据管理等方面的专业特长。同时，图书馆员还可以参与到 MOOC 课程的学习中，不断提升自身素质，获得多种体验，从而加深对 MOOC 和教学活动的理解。

4. 在信息共享空间方面

MOOC 倡导混合式学习方式，即以在线异步学习（如讲座录音录像等）为主，在线同步学习（如虚拟教室、在线课堂等）和线下学习（如教师课件、学习笔记等）为辅。因此，MOOC 背景下的图书馆也是学习空间的提供者。学习者主要是通过讨论和交流、开展协作式学习活动获得知识。这种环境下，图书馆就成为 MOOC 参与者的活动空间，为其提供网络及学习、合作、讨论的空间，还可以利用网站、微信、QQ 等开设 MOOC 虚拟教室和互动论坛，为用户提供交流和共享的聚集地，积极主动、全方位地提供诸如写作培训、技能培训、职业设计、学习讨论等服务。MOOC 不仅提高了图书馆空间的利用率，更可以成为图书馆文化的展示平台。

5. 在多媒体制作咨询方面

MOOC 教学模式下，教师的教学方式、教学能力和角色等都发生了变化，对教师的信息素养能力、专业知识水平、多媒体技术和自身综合素质都有了更高的要求。依托网络和技术发布的 MOOC 课程极度依赖视频课件等多媒体手段。课堂设计不仅要以内容知识点为核心整合动画、视频、文字、PPT 等多种形式，还要注重结合学生的专业特点、精心设计教学内容。但目前大部分教师在多媒体软件应用、视频制作技术等方面存在一定的困难。高校图书馆在信息技术和多媒体素养方面具有很大的优势，图书馆员可以为制作 MOOC 的教师提供各类咨询，协助他们掌握多媒体相关技术、完成课程制作。

6. 在创新型馆员培养方面

高校图书馆馆员队伍的综合素质，是图书馆服务创新能力最为重要的因素。为此，图书馆要十分重视创新文化建设和创新型馆员的培养。鼓励馆员创新工作方法，开展服务创新拓展训练，形成注重创新的良好氛围；建立学习型图书馆馆员培训机制，通过常态化的业务技能培训、外派访问馆员、学术研讨等方式提升现有人员素质，同时引进高学历、高素质的人才；建立有效的创新激励制度，加强创新项目的团队能力建设，推动图书馆在服务过程中积极探索服务创新的方法。

MOOC 作为一种新兴的课程模式，给高等教育带来重大变革的同时也为高校图书馆带来资源和服务的巨大机遇与挑战，图书馆员必须重新定位自己的角色以适应新的发展与需求，主动参与、团结协作，及时掌握 MOOC 的发展动态，发挥自身优势，努力推动图书馆的服务创新。

四、高校图书馆电子资源服务创新方法探讨

随着信息、信息技术逐步深入人们工作和社会生活各领域，图书馆文献资料、服务方式和管理方式开始向信息化方向发展。我国很多高校图书馆开始大量建立电子文献库或直接外购各种电子数据库，电子资源服务方式也开始多元化。

（一）高校图书馆电子资源服务创新的必要性

1. 知识社会中文献数量和类型增加

知识社会促使学科分类不断细化和增加，文献数量和类型也不断增加。在各种文献中，脱离传统纸质文本的纯粹电子资源的比例开始增加，电子资源的类型和载体也开始多样化。

2. 市场经济中电子资源服务主体增加

在以印刷型文献为主要信息载体的时代，图书馆在社会信息服务体系中占据着主导地位。但在知识经济和信息社会中，越来越多的公司开始介入电子资源信息服务，图书馆的权威和主导地位正在日益削弱。除了同商业性信息服务机构进行竞争外，高校图书馆之间以及高校图书馆和政府公共图书馆之间也存在竞争。电子资源服务主体增加带来的竞争，必然要求高校图书馆在电子资源信息服务上进行创新。

（二）高校图书馆电子资源服务创新方法

1. 信息资源建设中的细分化

电子信息资源建设是服务创新的基础，信息资源和服务是软硬件之间的关系。在当今信息时代，高校图书馆缺少的不是各种类型的信息资源，而是缺少对海量信息资源的优化选择方法。正如在市场营销中要遵循市场细分、寻找目标顾客和目标市场一样，图书馆信息资源建设中也应该进行市场细分，用专业的经过优化选择的信息资源为目标顾客服务。

具体来说，高校图书馆信息资源建设中的细分化有下面三种途径：一是尽量购买专业数据库，保证电子信息资源的内容精深化和更新及时性；二是尽量按专业分开购买数据库；三是注重建设与学校特色相关的自建数据库。

2. 信息服务管理中的人性化

良好的信息资源需要有良好的信息服务管理方法，只有这样才能保证信息资源效益的最大发挥。鉴于目前高校图书馆读者群体的多样化和需求的动态化，信息资源服务管理应该特别注重人性化。

3.信息资源服务中的个性化

信息资源建设中的细分化为信息资源服务中的个性化创新奠定了物质基础，而信息服务管理中人性化则为个性化提供了思想指引。所谓的个性化服务，指的是基于信息用户的信息使用行为、习惯、偏好和特点来向用户提供满足其各种个性化需求，图书馆个性化服务可以归纳为服务资源的个性化、服务方式的个性化和服务内容的个性化三个方面。

随着信息和网络在学习、工作中的广泛应用，高校图书馆作为科研工作者获取电子资源的重要渠道，高校图书馆只有不断完善电子资源的服务体系、服务方式，进行一系列的服务创新才能满足用户的需求，最大限度地发挥图书馆的功能。

五、媒体融合下高校图书馆数字资源建设与服务

在全球化媒体融合形势的影响下，媒体融合已经成为一种必然趋势。数字图书馆急剧膨胀的资源建设和日益多元的信息服务，引起图书馆界对媒体融合环境下图书馆资源建设和服务的思考与探究。

（一）媒体融合的含义与优势

1.媒体融合的含义

媒体融合是信息时代背景下一种媒介发展的理念，是在互联网迅猛发展的基础上传统媒体的有机整合，这种整合体现在三个方面：内容的融合、技术的融合、经营方式的融合。

2.媒体融合的优势及特点

首先，媒体融合体现了技术的融合，新技术的应用符合时代的特征。技术融合通常指技术的交叉融合，如网络技术与电视技术的融合出现了网络电视，事实上媒体融合是一个开放的网络环境，借助网络平台使所有媒体连接在一起形成一个传播平台，媒体融合具有明显网络化特征，充分利用新技术带来的高效快捷方便等特点，从而最大限度地实现资源融合与共享。

其次，媒体融合具备强大的服务功能、服务方式，以及多样化和多元化的特征。融合使媒体的服务性增强，两者的交叉互动使受众从被动接收信息变为主动参与信息传播过程。第一，受众可以根据自己的兴趣习惯，更加自主地以任意的

方式获得想要的信息，不受时间、地域等因素限制；第二，信息的双向乃至多向流通，使受众的自主性得到前所未有的发挥；第三，媒介融合可以开拓出许多崭新的媒体形态，可以更好地实现信息的大众化传播，使受众享受到媒介融合所提供的"一站式"信息服务。

（二）媒体融合下图书馆面临的挑战与机遇

1. 媒体融合将改变图书馆的资源组织建设

新技术的发展扩大了人们的信息获取范围，基于大数据、云计算到移动通信技术等数字信息技术的新媒体的发展，为图书馆带来了全新的网络环境，媒体传播方式发生了深刻的变化，人们的获取信息和阅读方式正悄然地发生改变。

媒体融合背景下，媒体的界限划分不是那么清晰，逐渐趋于多功能和一体化。如智能手机的出现，把多种媒介终端的功能集于一身。智能手机、移动互联网、数字电视等新媒体的不断涌现，单一媒体所能获得的受众越来越少，单纯的传统的纸质文献阅读已不能满足广大用户的需求，更多用户逐渐在向网络阅读、电子阅读、手机在线阅读转移，用户对新型馆藏资源需求呈上升趋势。

2. 媒体融合将会为图书馆信息服务带来变革

在数字科技的带动下，已经开启网络信息传播的"核裂变"时代，用户渴求更为便捷、全面、优质的信息服务，以移动终端为传播载体的微传播优势突显。新媒体应用契合了图书馆信息服务的需求，并促使信息服务渠道更为广阔、服务模式更趋多元化。与之相应的图书馆新媒体服务迅速应运而生，加速图书馆信息服务转型升级。

3. 媒体融合对图书馆员提出了新的要求

随着互联网技术的飞速发展，计算机技术不断推陈出新，网络运营商和网络公司也涉足于图书馆行业。电子图书、电子报刊，甚至一些数据库泛滥于网络，作为图书馆员，必须与时俱进，定时加强技术的培训与学习，从而不断提高自身的素养及业务水平。媒体融合使图书馆面临挑战和机遇，如何适应媒体用户的需求、对高校数字资源进行合理的配置，并提供个性化的信息服务，是媒体融合环境下高校图书馆亟须解决的问题。

（三）媒体融合下高校图书馆数字资源建设与服务探讨

1. 媒体融合环境下高校图书馆数字资源建设新思路

（1）拓宽媒介渠道，收集、整合信息资源

媒体融合环境下，首先，要对一些图书、报刊自带的、免费的一些媒体资源进行收集整理；其次，开展科学数据资源建设，通过购买各类数据库，整理互联网上相关的免费权威数据库等结构化数据，加大对原生态的、半结构化和非结构化科学数据的收集、组织、保存和管理。对于来自各种自媒体资源比如博客、播客、微信等发布的信息，图书馆员也可以进行收集和整理，从中发掘有价值信息，成立"自媒体智库"。通过拓宽媒介渠道，将信息资源收集、整理、整合，确保信息资源质量，为用户提供智能搜索。

（2）加大力度，加快资源共建、共享、共知

馆际互借、文献传递、资源共享是媒体融合环境下馆藏资源的必要补充，也是现代图书馆的发展方向。为此，首先，对本馆的信息资源数字化，自建一些具有本馆特色的数据库；其次，通过购买国内外的商业数据库资源丰富和充实信息资源，这些数据库以其丰富的资源、差异化的收录、专业而又精准的整合，不同用户的需求，成为当今社会挖掘信息的主要手段。

（3）加强媒体监管，确保良好的媒体资源生态环境

媒体融合下，信息来源广、渠道多，资源杂乱，如版权问题，法律、道德问题等。图书馆在为读者提供新媒体阅读内容的同时，要严把审核关，对购买的数字产品要确保版权的合法性。对本馆自建的数字资源，版权问题必须及时得到解决，确保用户拥有良好的媒体资源生态环境。因此，图书馆不但要构建健全的信息安全体系，建立安全生态环境，而且还要健全信息伦理规范，创造良好道德环境，不断提高主体信息素质。

2. 媒体融合环境下高校图书馆创新服务的新举措

（1）拓展新媒体在图书馆信息服务中的应用

①利用 RSS 信息推送技术，通过用户的关键词主动向他们推送信息；建立相关学科的 RSS 信息门户，为用户不断挖掘和更新相关学科领域的信息；利用 RSS 技术主动推送相关新书目录，订阅图书借阅提示及为读者发送借书过期提醒

等服务。②利用博客发布新书书评、开设专家的视频讲座，通过微博及时发布和更新书讯，建立阅读粉丝群，经过不断转发做到最有效的阅读推广。图书馆应充分利用博客、微博、微信各自的传播特点，开展不同形式的阅读推荐服务。③利用二维扫描技术和智能标签开展服务，使图书馆服务更加便捷。④图书馆要建立社交网络。社交网络可以促进读者之间的交流，更有利于信息的增长、组织和利用。

（2）构建全新的图书馆媒体服务智能生态体系

图书馆服务生态体系是指在一定空间和时间范围内，图书馆服务机构和资源提供商、用户等主体之间以及主体与各类环境因子之间，通过信息传递与信息交流而相互联系、相互作用的一个统一整体。图书馆的服务智能生态体系构成要素主要包括图书资源即馆藏、服务、管理平台、读者即受众四个方面。媒体融合新技术的应用为图书馆带来了聚变效应发生了质的变化。因此，可以将上述四要素归纳为资源、智能服务平台、终端、应用全新的图书馆智能生态服务体系，这将成为媒体融合时代图书馆服务的新模式。

随着移动终端智能操作系统技术的不断成熟，移动终端服务的能力将得到进一步扩展，他将逐步使读者不再受到图书馆时间和空间的约束，广大用户只须根据自己的个人信息建立的账号和密码，利用自己的手机或其他移动终端登录即可使用。

3. 提高馆员素质，培养新型馆员队伍

媒体融合环境下，信息服务环境的改变、信息服务设备的不断更新、用户信息服务的多样化，逐渐对图书馆员的专业素养要求越来越高，图书馆必须培养一批专业的新媒体管理人员，才能适应媒体的发展变化，才能更好地为图书馆服务。

4. 拓宽用户视野，提供更优质的服务

在媒体融合下图书馆需要为用户提供更为优质的服务，从人的认知局限性来拓宽用户视野，起到事半功倍的效果。具体措施如下：①针对时间的局限性，可以向用户采用推送服务。随着时间的推移，信息量的增加为用户提供信息推送服务，让用户能及时接收到最新的信息。②针对空间的局限性。可以通过加大新技术的开发和应用，增加用户查找信息的方式方法。③针对知识的局限性。采用在媒体中开设专家讲座以及在线服务等，进一步使用户能够丰富自己的知识，从而提高用户的认知能力。

媒体融合对高校图书馆不仅是良好机遇，同时又充满了挑战。高校图书馆应积极研究探索，把握媒体用户的心理需求，利用新技术将新媒体适时引入到图书馆信息服务当中来，使图书馆的信息服务与新媒体融合，以满足用户不断发展的个性化信息需求，提升高校图书馆在用户心中的信息主导平台，扩大图书馆信息服务空间。

第三节　高校图书馆数字资源服务创新实践

一、基于机构知识库的河海大学科学数据管理服务

（一）科学数据元数据的制定

河海大学图书馆基于 DC 元数据的可选择性、可重复性、可扩展性、可修改性等特点，并根据科学数据的类型与表现形式，从三个方面建立科学数据元数据格式的存储。

首先，建立描述元数据，是主要用来发现，标识数据项的元数据。具体包括标题、作者、机构、摘要、关键词、附件等内容。

其次，建立结构元数据，是主要用来记录数据的位置、结构及数据之间相互关系的元数据，具体包括章、节、段落、句子等内容。

最后，建立管理元数据，是用来记录数据的存储、格式、溯源及访问权限等管理信息的元数据。具体包括数据来源、创建日期、数据类型、范围、使用权限等内容。

（二）科学数据管理政策制定

河海大学图书馆根据数据的生命周期，从数据采集、存储、咨询、共享、利用、隐私保护等方面，制定了配套政策。

1. 提交政策

提交数据是开展科学数据管理服务的起始环节，提交政策规定了科学数据提交人身份、提交内容的范围及提交内容的版权问题。其中提交人涉及数据所有人和数据操作人，提交具体内容包括：①论文的支撑数据、说明文档等；②科研过程中产生的实验数据、观测数据等。提交内容的版权情况按照提交人要求，决定内容是否公开。

2. 保存政策

科学数据保存政策是科学数据共享与再利用的重要保障。机构知识库作为高校科研院所知识资产长期保存的基础设施，其保存政策从前期处理、数据备份、保存期限、保存位置及变更等方面进行制定，涉及科学数据保存期限及销毁、科学数据保存描述、科学数据保存格式、科学数据保存机构与责任等。保存政策为提交者所提交的信息进行长期的安全保存和开放获取提供保障。

3. 使用政策

使用政策是为科学数据的元数据、全文数据的合理合法使用而制定。其中元数据使用政策的主要对象是数据提交者，提交者须说明元数据的出处并规范元数据的获取权限等；全文数据使用政策的主要对象是数据使用者，要求使用者承诺在浏览、下载、打印全文数据不以盈利为目的。此外，在使用数据时必须同时提供题名、作者、机构、元数据页面的超链接或 URL 等详细信息，禁止擅自以任何形式更改原文内容。

4. 共享政策

机构知识库的知识共享基于大量科学数据，机构知识库若为了数据安全对科学数据的开放权限加以限制，一方面，违背了机构知识库开放获取的建设初衷；另一方面，使用户不能方便快捷地获取数据，大大降低用户利用科学数据进行研究的积极性。河海大学科学数据共享政策规定了学者对其产生的科学数据进行必要的分级分类，形成共享清单目录，实现科学数据的可发现、可访问、可利用原则。

（三）基于机构知识库的科学数据管理服务

河海大学图书馆科学数据管理服务主要包括以下四方面内容：一是科学数据的提交；二是科学数据的检索与获取；三是科学数据的开发利用；四是基于科学

数据的数据素养培训。

1. 科学数据的提交

为提高科学数据管理效率，河海大学机构知识库对本校学者提交的数据内容与格式均有明确规范，数据的提交方式有三种：①分布式，是指作者或资源提供者上传本人科学数据，占到科学数据提交的 20% 左右；②半分布式，是指机构内各单位由专门人员上传本单位科学数据，占到科学数据提交的 50%；③集中式，是由图书馆馆员上传，主要是为校内几个重点实验室的教师提供数据上传工作。提交数据涉及两个步骤：一是填写提交人、联系人信息等，方便数据管理者和使用者及时联系；二是填写科学数据基本信息，可上传数据文件，文件格式可以为 xml、odb、cif 等，且文件大小不能超过 10M。

2. 科学数据的检索与获取

河海大学图书馆通过对校内几个重点实验室、学院的科学数据进行分类、加工、组织，一方面，实现了对学校优势学科数据的深度揭示；另一方面，提高了科学数据的有序性和有效性，能够减轻科研人员工作量。机构知识库结合用户实际需求，在科学数据管理首页设置数据导航、站内检索、元数据检索和高级检索四个功能，引导用户掌握获取科学数据的方式，提高检索获取能力。用户对查询到的数据进行用户权限内的数据下载或导出，具体情况与用户权限有关，根据用户权限可实现数据导出 / 下载，或进行数据申请后再导出 / 下载。

3. 科学数据的开发利用

河海大学图书馆设置科学数据关联服务项，使用户能够在机构知识库平台获取文献信息的同时得到相关科学数据，也能在检索到科学数据时查阅到与之相关联的研究文献，掌握更多的背景和说明材料，帮助具体科研工作。科学数据是特殊的结构化资源，通常在使用科学数据时，须借助专门的软件工具分析整理，才能呈现有价值的内容。因此提供数据分析服务，将科学数据通过特定的软件、辅助工具等进行分析、加工，得到符合用户信息需求的结果，是科学数据服务的重要内容。

4. 数据素养教育

河海大学图书馆设置了专门的科研数据服务岗位，拥有专业的服务团队，同时注重对数据管理专业人才的培训，提升服务队伍的数据管理专业能力。在科学数据管理与服务工作中，通过每学期四次的数据分析与可视化等软件培训课程、专题研讨会、专题讲座、嵌入式课堂、在线教育等方式开展用户数据素养教育，以提高本校师生数据意识、数据获取与使用、数据评价等方面能力。

二、河南大学图书馆数字资源宣传推介服务探索

（一）通过图书馆主页、学校主页及各种宣传橱窗进行宣传

河南大学图书馆在图书馆主页中心位置设置了"电子资源"栏目，并清晰地标出了"中文数据库""外文数据库""试用数据库"等子栏目，并且还在主页设有"最新资源报道"专栏，及时将最新的购买资源和试用资源进行报道，这样用户在登录图书馆网站时都能有意无意地注意到这些数字资源的存在，在需要使用时就会想到利用它们。学校主页比图书馆主页具有更大的影响力，图书馆经常利用其新闻栏或公告栏发布数字资源相关信息，吸引读者对图书馆的关注。此外，河南大学图书馆还充分利用新校区图书馆的电子大屏幕和老校区图书馆的多个宣传橱窗进行数据库的宣传，及时将数据库的开通、试用和使用讲座以及数据库的内容介绍等告知读者。

（二）利用微信、博客、邮件、QQ 等开展数字资源宣传推介服务

河南大学图书馆在充分利用当面咨询、电话解答等传统方式开展服务的同时，也借助新技术如微信、博客、邮件、QQ 等进行数字资源宣传推介服务，各部室都建立了自己的部室博客，除图书馆及本部室的一些活动外，也对图书馆的最新数字资源信息及使用进行宣传推送。

（三）文献检索课是宣传推介数字资源的正规平台

河南大学图书馆深入了解读者需求，针对不同专业的学生及时更新完善文检课 PPT 课件，深层次地宣传推介图书馆的馆藏数字资源及其利用。同时又通过院系领导和老师对学生进行宣传，提高学生对文检课的重视。

（四）入馆教育是图书馆对新生进行数字资源宣传推介的好时机

河南大学新生入馆教育是每一个图书馆每年都要进行的一项工作，除对图书馆的基本情况及纸质文献的使用介绍外，可以组织针对新生的专门的数据库检索、利用的培训，使他们在入校之初就对馆藏数字资源有一定的了解和关注。

（五）加强馆员培训

河南大学图书馆举办了职工数据库培训，并结合案例进行实际操作，取得了不错的效果，使图书馆每个馆员都了解和熟悉每个数据库，促使馆员对图书馆数字资源的宣传和服务，提升图书馆深层次服务的能力。

三、大数据驱动下辽宁省高校图书馆服务新型智库建设研究

（一）大数据是提高辽宁高校智库竞争力的重要方式

进入 21 世纪后，伴随经济迅速发展，大数据突飞猛进地增长，人们接触的数据越来越多。互联网技术、智能技术、数据技术的发展，使得一些原本零落存放的文本文件等结构化的数据，甚至是一些视频数据、音频数据及一些多媒体等非结构化数据，能够充分利用起来。高校智库通过大数据采集、分类、分析、管理及自动生成报告等辅助提取功能，对事物本质进行更好的认识和了解。

大数据技术给高校智库情报分析人员带来了极大便利，可以让情报分析人员从打字、绘图、制表等初级烦琐工作中解放出来，将更多的精力专心投入到更加核心的智库工作中，获得更多的效益。同时，大数据技术还可以利用协同机制实现数字信息资源在智库中的最优配置，提高智库科技创新力，推动智库的发展。

辽宁经济正处于改革发展的关键阶段，因此，辽宁要积极促进经济结构化发展，振兴实体经济，做好产业转型升级工作。为实现这一目标，辽宁高校智库必须与时俱进，充分发挥在公共事务、公共政策和决策中的资政作用，为辽宁经济事务发展提供客观、真实、详尽的情报信息服务。

1.大数据创新辽宁高校智库个性化信息服务模式

高校智库信息服务通过大数据技术手段和科学的工具，对采集的海量信息进

行筛选、分类与整合，智库情报分析人员运用自己的专业知识，将用户查找、利用数据信息的模式和特征，进行分析和分类，跟踪用户信息需求特点，根据用户的类别定期进行个性化、精准化推送，促进用户研究与交互数据的利用。辽宁高校智库个性化信息服务模式将提高整体信息服务的影响力和精准度，同时也提升了辽宁高校智库的舆论影响力和品牌塑造能力。

2. 大数据提升辽宁高校智库"资政启民"的效率

政府部门的一项重要工作就是制定有关民生的政策和重大决策，在做出决策和制定政策之前，需要全面了解当时社会的经济、文化、政治等多方面的相关数据信息。面对这些海量数据，很难通过人力完成相关数据的分析和处理。大数据环境下，通过新的载体、新的渠道随时随地产生各类数据信息资源，高校智库能获得全部数据，获知大众意见的渠道会更加宽泛和便捷。高校智库处理数据信息的时间普遍以秒计算，处理速度极快，其主要特点体现为及时性、高效性。智库可以将获得的各类数据资源进行快速的处理分析，挖掘有价值的真实可靠的数据信息，根据现实需求，为有需求的部门提供客观、真实、可靠的参考意见。智库的及时性、高效性特点契合了大数据时代下辽宁地区的发展要求，在速度和质量上能够满足辽宁地区生产和生活需求，实现辽宁各行各业和辽宁民众相关数据的数值指向链接，提升高校智库"资政启民"的能力。

3. 大数据促进高校智库科研成果的应用转化

传统智库研究团队的科研成果大多以专著、论文或是以专利的形式保存，但是转化科研成果所发挥的效果并不大，有时还偏离了社会的实际应用需求。目前，高校智库团队可以利用数据挖掘技术，分析、预测各大企业产品的发展方向，进行充分的市场调研，并对技术和生产经营方式进行跟踪、分析与处理。根据不同的情报需求制定与企业合作的研究方向，进行跨领域、跨职能的深度配合，提供适合企业的科研成果。结合企业的实际需求，提出资源输出策略，提供专业智库产品，推出"一站式"高校智库服务。

（二）大数据驱动下辽宁省高校图书馆服务新型智库建设能力分析

1. 平台服务优势

辽宁省高校信息共享平台是知识交流和服务共享平台。该平台包括 78 个成员馆，积极为高校图书馆及机关企事业单位提供文献信息的联合保障体系。辽宁省高校信息共享平台在信息政策法规体系的框架下，将共享辽宁省内各个高校馆藏的数字资源进行有机整合，云计算平台通过架设应用集成系统建成辽宁省高等教育数字图书馆，支持各个高校数字图书馆的主要工作流程，实现辽宁省内各个高校图书馆中的各类数字资源整合、资源分类导航、一站式资源发现与获取，最大限度地整合辽宁省内各个高校的数字资源。辽宁省高校信息共享平台的资源共享、技术共享、服务共享理念支撑辽宁省高校信息共建共享的服务运行，整合各馆数据库资源，扩大资源共享服务范围，为辽宁高校智库的发展提供有效的保障与支持。该平台通过"e读"可以检索到辽宁省高校图书馆的馆藏图书、期刊及学位论文，同时还包括了外文期刊，实现了各个成员馆之间数字资源的共建共享。

2. 强大的数据支持服务能力

在大数据驱动下的高校智库，对数据支持服务能力的要求也越来越高。数据支持服务能力是指数据挖掘、数据分析、数据管理等能力，数据分析是衡量智库竞争力最核心的因素。近年来，辽宁省高校图书馆的学科服务获得了长足的发展，专职的学科馆员、情报分析人员及实践经验丰富的专家，获得了越来越多用户的认可。高校图书馆善于利用数据可视化分析、数据挖掘运算法、语义搜索引擎、数据监控等大数据技术，并通过学科文献计量与预测分析、建立数学模型等方式，挖掘出准确、权威的数据，形成有深度的智库产品，为智库建设提供了完备的数据支持保障。

3. 智库资源与成果信息资源平台建设能力

随着数字化的普及和大数据技术的发展，高校图书馆已建立相对成熟的门户网站，对于用户来说，这是接触最直接、利用率最高的平台，无疑使得智库获得了一个相对完整的信息支撑平台。图书馆只须在网站上增加一个指向智库平台的超级链接，用户就可以直接访问智库信息资源平台。通过这个平台，一方面，有利于传达高校智库声音，做好智库成果的宣传和服务工作。图书馆可以发布一些智库前沿信息、智库数据报告及智库研究成果，满足智库信息化成果的前瞻性和动态性的要求。另一方面，有利于智库研究成果的储存和有效管理，方便用户和研究人员查阅和利用。

智库是我国"软实力"和"国际话语权"的重要体现，是国家战略决策的主要依据。大数据时代的到来为高校图书馆转型和发展提供了前所未有的机遇，辽宁省高校图书馆要主动参加到智库建设中来，充分利用大数据挖掘技术和分析处理技术，加强数据资源建设，坚持共建共享原则，积极依托自身的文献资源优势、人才资源优势、学科服务优势等，联合社会各行各业力量，优化资源配置，着力提升高校图书馆服务智库能力。

第四节　数字化支撑下的高校图书馆创新服务质量评价

一、高校图书馆数字化建设的必要性

（一）建立高校图书馆数字化的基本动因

近年来，随着网络对数字资源利用效率的不断提高，高校图书馆原有的服务方式正在逐渐丧失用户群，传统的高校图书馆管理模式已经满足不了现代人对图书的需求，主要原因是高校图书馆的资源优势面临丧失的尴尬局面。目前，搜索引擎等网络新资源的聚拢中心正在快速形成，随着人们对信息资源的利用行为悄然发生变化，高校图书馆的用户数量正在逐渐被一些新兴的阅读资源所分流。而国外的多项调查也表明，阅读用户越来越倾向以使用搜索引擎作为阅读书籍的开端。尤其是那些习惯通过搜索引擎进行检索信息的用户而言，他们已经放弃掉逐一访问高校图书馆网站的老方法，使用图书馆资源的次数越来越少，更多地选择了基于网络的信息库与内容源，这是因为利用搜索引擎获得自己想要的信息，可以更加快捷。相关的调查显示，89%的用户使用了搜索引擎来获取信息资源，只有2%的用户是从图书馆开始的。传统的高校图书馆资源正在逐渐丧失优势，并面临用户锐减的危机。因此，变传统的高校图书馆模式为数字化，是服务质量发展所趋。

（二）建设创新服务质量评价是高校图书馆发展的必然产物

由于我国目前高校图书馆的服务质量没有形成统一的界定与认识，相关的研究资料比较贫乏，但是，一旦形成数字化的高校图书馆模式，对服务质量进行评价具有可行性。服务质量进行评价具有可行性，例如，通过对比数字信息资源的利用率，能更多地引起关注，有利于图书馆进行数字统计，从而更及时、全面地为用户着想，进而调配图书资源，完善为用户服务，有效地减少了信息用户在学习，教研活动中所付出的时间成本。数字化的高校图书馆模式，有利于开展在线书籍的评价，并从另一个角度思考数字信息资源服务的有效利用率。例如，可以通过数字信息资源服务质量的量化对比，进而掌握用户反馈的信息。用户的反馈可用于衡量高校图书馆数字资源和网络化服务使用的绩效指标，对这些绩效设计一个可测度的数字收集、分析和报告系统，可间接地反映高校图书馆的服务质量，更有利于评估图书馆服务的质量，作为研究与提高高校图书馆服务对策的依据。

二、建立数字化支撑下高校图书馆创新服务质量评价的可行基础

（一）CSI理论在高校图书馆创新服务质量评价应用

CSI 理论是指顾客满意度指数，在讨论高校图书馆创新服务时，笼统的看法就是指服务。由于高校图书馆具备了服务性行业的一般性特征，也就具备了以服务性行业所通用的评价方法进行评估的条件。例如，以 CSI 理论对高校图书馆的整体服务水平进行评价，或对某些具体的创新服务内容和行为方式进行服务质量的量化考析。高校图书馆自诞生之日起，就一直秉承着"读者第一"的办馆理念。这种以用户为中心的办馆理念和考虑到了顾客的满意程度，两者在本质上是完全一致的。从实践上看，国内山西大学的尉海燕选取了六所高校作为实践的研究对象，研究表明，将 CSI 理论应用于高校图书馆服务质量的评价，是完全可行的。

（二）基于ASCI评价模型的高校建设图书馆创新服务质量评价方法

从用户的角度出发，结合我国高校图书馆创新服务的特点，在这里提出用于图书馆创新服务质量评价的 ASCI 改进模型。这个改进模型的变量包括多方面，

其中用户期望、服务产品、馆员素质、感知质量、感知价值、图书馆的专业地位、创新服务、用户的满意程度及用户的忠诚程度等因素是考量的主要方面。

①用户期望包括用户的基本期望与潜在期望。基本期望是指用户从图书馆服务体系中获得的基本满意程度；而潜在期望的要求更高，甚至可能超过了用户本身的基本期望。这两种期望不是一成不变的，随着整个人类信息环境的变化，用户对高校图书馆服务的基本期望、潜在期望都会越来越高。②服务产品主要包括高校图书馆为读者所提供的数字资源，以及图书馆所提供的各项创新服务下相应的软硬件环境和配套设施。其中，数字产品是新型服务产品中的活跃因子，包括高校图书馆所能够提供的各种数字化和数据库产品。③馆员素质的好坏直接关系到创新服务的水平和质量。与传统图书馆服务不同的是，基于数字化的高校图书馆创新服务更多地依赖服务者的个人智慧和能力。因而，在数字化支撑下的高校图书馆创新服务质量，可以从读者的满意程度加以评估。④感知质量是用户对高校图书馆书籍或服务质量与经验质量比较的结果，图书馆书籍或服务质量可以划分为两个部分：一是与书籍内容相关的技术质量，主要是指通过书本，把信息资源传递给了用户，对图书馆书籍的评价是在用户阅读书籍之后做出的能动性判断；二是与书籍使用相关服务质量挂钩，对服务质量的评价是在图书馆服务过程中形成的。⑤感知价值是对高校图书馆服务质量提出的进一步要求，特别能体现用户在高校图书馆利用书籍或感知服务质量的价值判断。也就是高校图书馆在满足用户信息需求、解决用户问题等方面予以价值体验。大部分情况下，以利用图书馆数字化资源和服务的准确程度、便捷程度，以及图书馆对用户个性化需求的关注程度来衡量。⑥图书馆的专业地位是与传统的图书馆服务比较而言的。在过去的几千年里，我国传统图书馆更多地体现在拥有的藏书量，而非体现在服务层面上。近年来，随着数字化资源利用率的提高，自然而然地影响到了图书馆的专业地位。相比之下，基于数字化的高校图书馆创新服务也许将成为重塑图书馆专业地位必不可少的手段。⑦创新服务是高校图书馆服务的重点，它体现了一所高校在服务读者的用心程度。无法创新的服务，必然满足不了用户的需求，长此以往，必将受到部分用户的埋怨。因此，随着发展而做出相应的调适，是高校图书馆服务的重点工作。⑧用户的满意程度是指用户使用高校图书馆提供的各项创新服务后所表现出来的一种总体满意程度，这种满意度是用户长期以来感知图书馆创新服务后的一种情感积累。比如，可以使用一系列的量化评度，以总体的满意程度、与

预期相比较形成的满意程度、与理想相比较形成的满意程度这三个指标衡量。⑨
用户的忠诚度是指用户在对自身的信息需求满足后，选择重复利用同一种信息资
源服务的特定行为。在目前全球范围内的数字化资源利用率普遍居高的环境下，
用户对选择空间有限，获取信息缓慢的图书馆信息资源及其他服务，表现出了一
种表面上的忠诚，而非发自内心地去使用图书馆资源。于是，伴随着用户在网络
上获取信息资源的快捷，用户对高校图书馆资料有限的利用情况就会产生不满情
绪。因而掌握用户对高校图书馆创新服务质量的态度，是加快图书馆改革的前提
条件。

三、高校实现数字化图书馆创新服务质量评价的战略性意义

从数字化资源逐渐普及以来，由于高校图书馆不再成为获取信息资源唯一的
渠道，图书馆的藏书作为文献信息搜集保存和传达中心的垄断地位发生了彻底的
变革。因此，加速数字化资源与高校图书馆创新服务质量的联系，具有高度的战
略性意义。利用网络全球化的优势，在全球范围内可以任意传输信息资源特点，
用户要获得图书馆资源，不一定要到图书馆，而仅通过网上所建立的高校图书馆
数据库直截了当地获取所需的目标信息用户只需一台联网的电脑，即可方便快捷
地获取高校图书馆资源，不管用户身处国内还是国外，在此过程中，用户的满意
程度自始至终都是评价我国高校图书馆创新服务质量的关键一环。

总之，目前我国各高校的图书馆运作正处于改革和完善的关键时期，随着数
字化信息资源的逐渐普及，想要实现高校图书馆数字化、信息化和普及化，还需
要不断的人力探索和多方面的技术支撑。

参考文献

[1] 顾国庆 . 高校图书馆信息化建设与资源管理研究 [M]. 天津：天津科学技术出版社，2023.

[2] 邢心菊，吕英，陈磊 . 大数据环境下图书馆资源管理及其信息化建设 [M]. 长春：吉林文史出版社，2023.

[3] 田一楠，高鹏 . 智慧图书馆建设与管理 [M]. 北京：企业管理出版社，2023.

[4] 李凡 . 公共图书馆建设管理及其智慧化发展新路径 [M]. 北京：现代出版社，2023.

[5] 许丽 . 大数据环境下图书馆文献信息资源建设与利用研究 [M]. 北京：北京工业大学出版社，2023.

[6] 孙晓燕 . 图书馆文献信息检索与信息资源建设研究 [M]. 北京：北京工业大学出版社，2023.

[7] 孙卿 . 智慧图书馆文献资源建设研究 [M]. 长春：吉林人民出版社，2023.

[8] 李淑霞，张颖 . 现代数字图书馆资源管理与建设研究 [M]. 北京：中国华侨出版社，2023.

[9] 刘静 . 公共图书馆资源建设与发展研究 [M]. 长春：吉林科学技术出版社，2023.

[10] 蓝开强 . 高校图书馆建设发展与智慧服务创新研究 [M]. 汕头：汕头大学出版社，2022.

[11] 褚倩倩 . 现代图书馆文献信息资源建设与利用研究 [M]. 昆明：云南科技出版社，2022.

[12] 成胤钟 . 图书馆文献资源检索与利用研究 [M]. 哈尔滨：北方文艺出版社，2022.

[13] 李敏 . 图书馆特色资源建设与古籍开发研究 [M]. 北京：群言出版社，2022.

[14] 罗颖 . 图书馆管理与数字化建设研究 [M]. 长春：吉林出版集团股份有限公司，
2022.

[15] 南春娟 . 媒体融合环境下高校图书馆工作研究 [M]. 北京: 北京工业大学出版社，
2023.

[16] 朱毅曼，陈莹 . 高校图书馆信息资源管理与建设研究 [M]. 长春：吉林人民出
版社，2021.

[17] 高莉 . 图书馆管理与档案资源建设 [M]. 长春：吉林人民出版社，2021.

[18] 吴英梅，李书宁，李晓娟 . 文献信息资源建设 [M]. 北京：现代教育出版社，
2021.

[19] 郝敏 . 医院图书馆的建设与管理研究 [M]. 长春：吉林人民出版社，2021.

[20] 谢银铭 . 新时代背景下中学图书馆管理研究 [M]. 长春：吉林出版集团股份有
限公司，2021.

[21] 张译文 . 图书馆管理与服务创新研究 [M]. 北京：中国商务出版社，2022.

[22] 朱丹阳 . 图书馆现代化管理与服务创新研究 [M]. 长春：吉林大学出版社，
2022.

[23] 张伟伟 . 图书馆管理与服务创新研究 [M]. 哈尔滨：北方文艺出版社，2022.

[24] 田金良 . 图书馆智慧管理与服务创新研究 [M]. 汕头：汕头大学出版社，2022.

[25] 安玉洁，闫雨薇 . 现代高校图书馆管理与创新途径研究 [M]. 北京：中国原子
能出版社，2022.

[26] 王清芳，于景红，张新杰 . 大数据时代下数字图书馆建设与创新 [M]. 长春：
吉林文史出版社，2022.

[27] 孙建丽 . 现代图书馆管理与信息技术应用研究 [M]. 沈阳：万卷出版公司，
2022.

[28] 潘守永，王远弟 . 研究型大学图书馆建设与探索 [M]. 上海：上海大学出版
社 ,2023.05.

[29] 王婷婷，聂加娜 . 公共图书馆精细化管理与服务 [M]. 北京：中国商业出版
社 ,2023.01.

[30] 贺芳 . 智慧图书馆建设与应用研究 [M]. 长春：吉林大学出版社 ,2022.09.

[31] 林婧 . 高校图书馆基础业务现状与发展研究 [M]. 武汉：武汉大学出版
社 ,2022.12.